U0840926

广东省自然科学基金：博士启动项目（2017A030310623）“中国上市公司经理异质性与上市公司价值保全与投资者保护研究”。

广东省自然科学基金：自由申请项目（2018A030313828）“融资融券制度影响公司治理效率的路径研究：基于投资者情绪的视角”。

经理异质性对大股东掏空行为的影响研究

马超◎著

图书在版编目（CIP）数据

经理异质性对大股东掏空行为的影响研究 / 马超著
. -- 北京：企业管理出版社，2019.11
ISBN 978-7-5164-2013-3

Ⅰ.①经… Ⅱ.①马… Ⅲ.①上市公司—企业经营管理—影响—股东—投资行为—研究 Ⅳ.①F276.6

中国版本图书馆CIP数据核字（2019）第186714号

书　　名：经理异质性对大股东掏空行为的影响研究
作　　者：马　超
责任编辑：赵　琳
书　　号：ISBN 978-7-5164-2013-3
出版发行：企业管理出版社
地　　址：北京市海淀区紫竹院南路17号　邮编：100048
网　　址：http://www.emph.cn
电　　话：编辑部（010）68416775　发行部（010）68414644
电子邮箱：qygl002@sina.com
印　　刷：河北盛世彩捷印刷有限公司
经　　销：新华书店
规　　格：710mm × 1000mm　1/16　13印张　189千字
版　　次：2019年11月第1版　2019年11月第1次印刷
定　　价：49.00元

目录 CONTENTS

1 绪 论

1.1 研究背景与目的

在Berle and Means（1932）的公司股权结构范式中，由于股权高度分散，小股东没有足够的激励来监督管理者（Grossman and Hart, 1980），从而导致后者实际掌握公司控制权。Jensen and Meckling（1976）指出，由经理掌握控制权将衍生出股东与经理间的委托代理问题，即作为委托人的股东由于持股比例高度分散而无法对作为代理人的经理实施有效监督，经理会以损害股东利益为代价来谋取自身利益最大化。鉴于经理在公司治理的重要地位，各种致力于缓解股东与经理间代理问题的机制设计相继出现。但是，进入20世纪80年代以来，随着研究的深入，已有越来越多的学者对分散的股权结构提出质疑。Shleifer and Vishny（1997）和LLSV（1999）等的研究认为，集中的股权结构已成为一种普遍且稳定的公司治理结构（Holderness, 2003）。在集中的股权结构下，大股东取代经理成为掌握控制权的一方，大股东能够有效控制企业的经营活动并监督经理行为。因此，学者们普遍认为经理为谋取私利而损害股东利益的问题已得到有效解决。此时，学者们将关注的重点转移到了由大股东控制所衍生出来的大股东与中小股东间的委托代理问题：大股东可能会凭借手中掌握的控制权以损害中小股东的利益为代价来为自己谋取私利，即掏空（Tunneling）（Johnson et al., 2000）。

基于大股东与中小股东间的代理问题在公司治理中占据主导地位这一思想，现有研究掏空的文献普遍假定大股东和经理间的利益冲突已不复存在。

一方面，相关研究大多忽略了经理在掏空过程中可扮演的角色，即使将经理纳入讨论范畴，也只考虑了经理与大股东合谋的情形（Burkart et al.，2003）。这些研究或是假定经理与大股东的利益已完全一致，又或是假定经理已完全受大股东控制，手中不再掌握权力而必然会配合掏空行动。然而，经理作为公司治理的重要一环，其行为及决策可能会对掏空行为产生重要影响（张秀娥等，2009）。因此，上述两种假定都是值得怀疑的。第一种假设违背了经理作为自利经济人的基本假设。当经理作为一个独立主体时，受其个体理性和经济人本质的影响有为自己谋取私利的动机。因此，要求经理与大股东的利益保持完全一致是不符合实际的。第二种假设将经理完全视为大股东利益的执行者，从而忽略了经理本身拥有的权力。经理作为公司管理者能够直接参与日常的经营管理活动，实际上掌握了“对生产经营和资产运作的直接控制权”（瞿宝忠，2003）。因此，当经理权力达到较高水平后，大股东能否完全控制经理就是一个值得商榷的问题。另一方面，现有关于经理研究的最终落脚点均为如何加强对经理行为的监督和约束，使经理能够更好地为股东利益服务。这些研究将经理的角色定位为各方利益的“侵蚀者”，而忽略了经理作为人力资本的所有者同样有动力去约束大股东行为的可能性（张秀娥等，2009）。经理与大股东进行合谋掏空的行为一旦被外部投资者和监管部门发现，其声誉会受损进而导致人力资本价值降低。作为只拥有人力资本而没有物质资本的经理，声誉受损将会使其得不偿失。因此，根据Fama and Jensen（1983）构建的声誉模型，经理作为一个独立主体时，可能会从维护自身声誉的角度出发，重视经理职业道德，积极抑制掏空行为并提高公司价值。

现有的关于大股东掏空的研究普遍忽略了经理作为公司治理的重要一环并在其中所扮演的角色和可能发挥的作用。因此，为填补这一不足及重新认识经理在公司治理中的作用，本书研究的主要目的就是要检验经理这一层级能否在抑制大股东的掏空行为、缓解大股东与中小股东间的利益冲突、提高公司价值及会计信息质量等方面发挥积极作用。

1.2 研究意义和内容

1.2.1 研究意义

经理作为公司中拥有独特的、不可替代的人力资本的主体，掌握了公司中不可或缺的关键资源。经理会依靠自身掌握的人力资本价值来谋取私利，但也可能会为实现个人价值及维护自身声誉而去积极参与公司治理、约束大股东的不道德行为。如何既能保证经理的行为能够得到充分的监督使其为委托人的利益最大化而努力，又能保证经理拥有足够的积极性去维护作为经理的职业道德并抑制大股东的掏空行为已成为影响公司可持续经营的一个关键因素。因此，正视经理在大股东掏空过程中可能发挥的作用随着对大股东掏空行为研究的不断深入而变得日益重要。

本书的研究意义在于：首先，通过对文献的梳理和分析，我们发现在对影响大股东掏空行为的公司治理机制的研究中，对经理这一层级所能发挥的作用缺乏深入的分析和准确的实证支撑。我们将经理作为监督者的设想进行了模型化探索，以期全面分析不同类型的经理在大股东掏空发生时所采取的行动及可能产生的作用。其次，本书从理论角度解释了经理在大股东掏空过程中究竟会产生怎样的影响，以及这个过程的传导路径及作用机理。因此，本书也充实了公司内部治理机制影响大股东掏空行为等领域的相关文献。再次，当经理类型不同时，由于其独立性也存在差异，因而在大股东掏空行为发生时也就会采取不同的行动。因此，如何确定经理的类型从而使经理能够更为有效地抑制掏空行为具有重要的意义。研究这一问题也为我国上市公司应该选择什么类型的经理提供了政策依据。

1.2.2 研究内容

具体章节安排及研究内容如下所述。

第1章为绪论。本章主要介绍本书的研究背景、研究目的及意义、研究方法及归纳可能的创新点与不足，力求从总体上勾勒出一个清晰的研究框架。

第2章为文献回顾与评述。现有文献对大股东掏空所产生的经济后果、内外部治理机制对掏空的影响以及经理特征对公司治理的影响已进行了广泛的研究。本章将对已有的文献进行归纳总结，并对文献进行评述，指出现有的关于大股东掏空和经理在掏空中所扮演角色的研究存在的不足，为后续的研究奠定基础。

第3章为经理异质性影响大股东掏空行为的理论分析。本章首先归纳了经理参与公司治理的逻辑，并且按照独立性将经理划分为三种类型并分别对其特征进行介绍；然后，分析不同类型经理影响大股东掏空行为的渠道及其对大股东掏空的经济后果的影响。在进行理论背景介绍后，本章通过构建博弈模型分别讨论大股东、中小股东和经理这三个博弈参与者在经理类型不同时各自可获得的收益及求解博弈均衡解。在求得博弈均衡解的基础上，分别比较大股东的掏空程度、经理可获得的私人收益和公司价值在不同类型经理下的大小关系。

第4章研究了经理异质性对大股东掏空程度将产生怎样的影响。本章从经理异质性的视角出发，分析不同类型的经理对大股东掏空程度（采用资金占用程度进行衡量）产生怎样的影响。然后，根据需要筛选样本和确定变量，并在进行了描述性统计分析和相关性分析后利用Tobit模型进行实证检验。

第5章研究了不同类型经理通过非正常在职消费这一渠道影响大股东掏空行为的传导机制。首先，从经理异质性出发，检验经理独立性与经理非正常在职消费程度间的相关关系；其次，将大股东的掏空程度与经理非正常在职消费置于同一框架下进行分析，得出二者的互动机制及相关关系。在确定实证所需变量和筛选样本后，本章利用主成分分析、Tobit模型和Heckman两阶段模型等实证分析方法进行了检验。

第6章研究了经理异质性对大股东掏空的经济后果的影响，这些经济后果包括公司价值和会计信息质量。在本章的研究中将大股东掏空视为影响经理异质性与公司价值、会计信息质量相关关系的中间变量。首先，分析大股东掏空对公司价值（采用Tobin’Q值进行衡量）的影响；其次，将大股东掏空与经理异质性纳入同一模型检验二者对公司价值的共同作用。对于会计信息质量（采用盈余管理程度进行衡量）的研究也采取相同的步骤。最后，建立静态面板模型来检验大股东掏空的中介效应是否存在。

第7章为研究结论和政策建议。本章将对前文研究进行总结，并且提出政策建议。最后，提出未来的研究方向。

1.3 研究方法与逻辑框架

1.3.1 研究方法

本书1、2、7章主要采用规范研究，第3章主要采用规范研究与定性研究、定量研究相结合的方法，4、5、6章采用定量研究与实证研究相结合的方法。规范研究主要以“经济人”假设、委托代理理论、声誉理论和合谋理论为核心，运用制度分析等方法展开理论分析，定性分析我国上市公司中不同类型经理的特征及参与公司治理的逻辑。定量研究主要采用博弈论分析方法研究经理独立性对大股东掏空程度和公司价值的影响。实证研究是在理论研究的基础上展开的，主要是对理论分析部分提出的假设进行实证检验。实证研究中，主要利用国泰安CSMAR和同花顺iFind等数据库中的数据以及手工收集的上市公司年报数据建立回归方程，利用SPSS和STATA等统计软件对不同类型经理在大股东掏空过程中的行为及可能产生的后果进行实证检验。

1.3.2 逻辑框架

全书的研究框架图如图1-1所示。本书基于大股东掏空行为，分别从定性和定量的角度考察经理异质性影响大股东掏空的路径及可能产生的经济后果。首先，在对已有文献进行回顾的基础上指出前人研究存在的不足，并提出本书与前人研究的不同之处。其次，从理论角度分析不同类型经理参与公司治理的逻辑及对掏空可产生的作用，并运用博弈论的定量分析方法对经理异质性与掏空的相关关系进行了分析，并推导出相关研究假设。再次，运用实证方法检验经理异质性对大股东掏空行为产生的影响，并通过将经理非正常在职消费引入大股东掏空的回归模型来分析经理行为影响掏空的传导机制。同时，我们也将影响大股东掏空的公司治理因素纳入实证模型，考察公司内外部治理机制对大股东掏空的共同作用。更进一步，本书也对经理异质性对掏空的经济后果所产生的影响进行了实证检验，考察了经理异质性对公司价值及会计信息质量的影响。最后，本书为优化经理生成机制及完善公司内外部治理机制提供了政策建议。

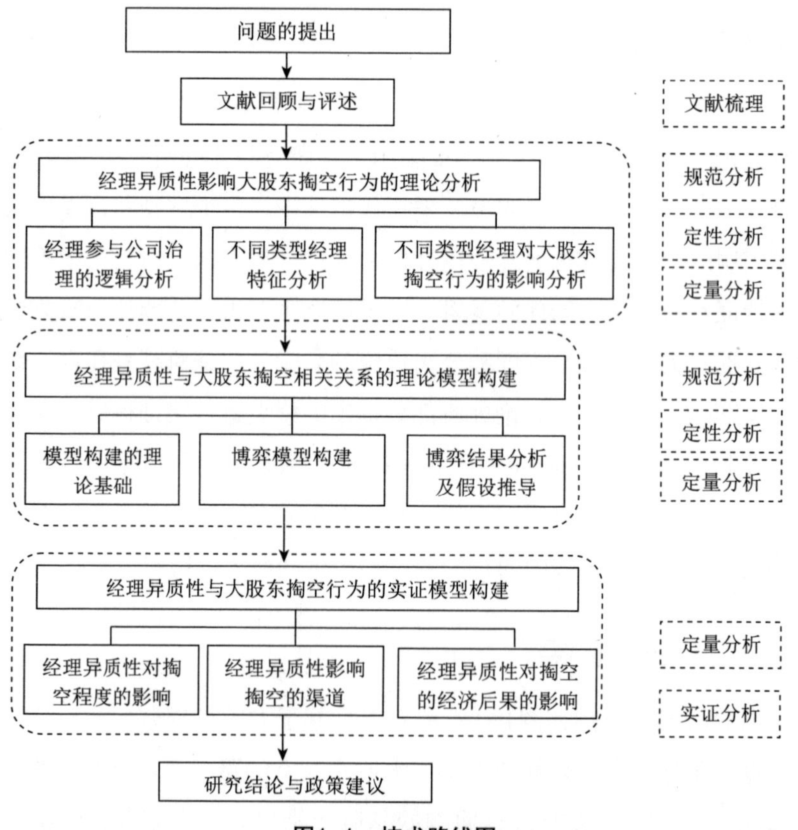

图1-1　技术路线图

根据以上分析，本书的基本研究思路为：不同类型经理会对大股东掏空程度产生差异化的影响，而产生这种差异的原因在于经理追逐非正常在职消费的动机有强弱之分。同时，由于掏空行为会影响公司价值及会计信息质量，因此，经理异质性在影响掏空的同时也会对公司价值及会计信息质量产生影响。研究思路如图1-2所示。

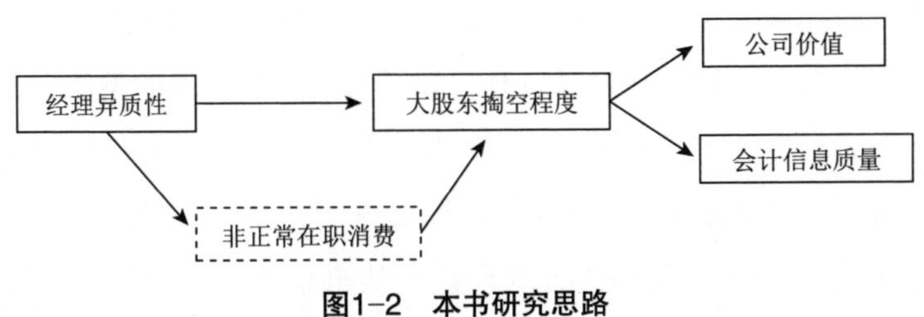

图1-2 本书研究思路

1.4 基本概念界定

1.4.1 大股东（Large shareholder）

大股东是指在公司中持股比例相对较高的自然人或法人。大是相对小而言的，对大股东这一概念的定义在股权结构不同的公司中也会存在差异。在股权高度分散的上市公司中，大股东通常被界定为持股比例大于5%的股东（Mehran, 1995；Jeon et al., 2010）；在股权集中的上市公司中则不再是仅仅关注大股东的持股比例，而更看重其对公司的控制能力，这一控制能力主要表现为大股东对公司事务的表决权。因此，在对股权结构集中的上市公司进行研究时，已有研究也多将大股东等同于控股股东的概念。

在本书的研究中，由于涉及大股东获取控制权收益的问题，这就要求大股东必须要掌握控制权；同时，只有掌握了控制权的大股东才具备掏空上市公司的能力。

根据LLSV（1999）、Claessens et al.（2000）和Faccio et al.（2001）的研究，当大股东持股比例超过20%时就能够掌握公司的控制权从而成为控股股东。因此，我们在进行实证研究时，也设定20%的持股比例为临界值，将大股东界定为：在公司中持股比例超过20%，占有公司表决权的绝对多数或相对多数，能够通过控制董事会等权力机构从而在实质上掌握控制权的股东。

1.4.2 经理（Manager）

经理也即经理人，是公司中高级管理人员中的一个组成部分，是公司决策的主要执行人。经理是在公司所有权和经营权发生分离的条件下，受股东的委托，在公司治理中通过利用公司内外部的有效资源（包括物质资本、人力资本、技术及其他资源），在充分发挥自身所具备的领导能力和管理技巧的基础上为公司中的利益相关者的利益而从事企业经营活动，并以获得薪酬、股票期权等作为报酬的主体。

在国外的研究中，大多采用CEO这一概念来对经理进行界定。我们在进行实证研究的过程中，将总经理作为经理的代表，主要研究总经理的类型及行为如何影响大股东的掏空行为及公司价值。这是因为总经理是公司经理层的核心，是接受董事会聘任或委派对公司进行管理的主体。总经理是掌握公司经营全局的人物，需要努力执行董事会下达的有关决议及完成各项任务。因此，总经理对公司的业务有更为全面的了解，在参与公司治理的过程中也能够对大股东的行为产生一定影响。在对总经理进行具体识别的过程中，我们将担任总经理、CEO[①]或总裁等职务的人员定义为总经理。

1.4.3 经理异质性（Managerial Heterogeneity）

在新古典理论的假设下，经济个体被外生假定为具有一致的偏好、人力资本价值和决策能力的行为人，忽略了经济人具有实施异质行为动机这一事实（贺京同等，2007）。因此，在新古典理论的分析框架下，经理作为经济

① 此处需指出的是，虽然国内研究对CEO的界定仍较为模糊，但作者在进行数据搜集和总经理职位识别的过程中，未发现董事长被称为CEO或者董事长和总经理两职合一时被称为CEO的情况。因此，我们将中国上市公司的CEO定义为总经理。

个体也被视为同质化群体进行研究。但是，现实中经理的情况要复杂得多，不同公司间经理的个人特征及产生路径都有所不同。因此，经理的行为也存在很大差异。

已有大量研究从经理个人背景特征的角度将经理划分为异质性群体，研究具备不同特征的经理如何影响公司的投融资决策。与前人研究不同的是，我们将重点关注在大股东控制的股权结构下，不同生成路径下的经理所具备的异质性将如何影响大股东掏空。这是由于不论公司股权结构如何，经理都是公司治理结构中的一个有机组成部分，也在很大程度上构成了公司权力制衡中的一个要素。因此，大股东能否对上市公司实施掏空还需取决于经理的配合程度（Burkart et al., 2003;Wang and Xiao，2011）。具体来说，就经理的生成路径来看，大致有大股东（或其家族成员）兼任者、大股东委派者、市场选聘者等。这三类生成路径分别反映了经理的独立性，即其与大股东利益关系的亲疏程度。其中，经理由大股东兼任时独立性最低，而从市场选聘时独立性最高。因此，我们从独立性的角度来定义经理异质性，将经理划分为三种类型，将大股东（或其家族成员）兼任者定义为一体型经理，将大股东委派者定义为依附型经理，将市场选聘者定义为独立型经理。

1.4.4 控制权收益（Benefits of Control）

控制权收益又可称为控制权私人收益，Grossman and Hart（1988）将其定义为：掌握控制权的大股东在损害中小股东利益的同时为自己谋取的那部分私利。现有的关于控制权收益的大多数研究都遵循这一定义，将控制权收益视为大股东的掏空所得。但是，刘少波（2007）的研究指出，如果将控制权收益视为大股东的非法所得，将无法解释大股东在获得控制权时所付出的成本如何进行补偿的问题。因此，我们沿用刘少波（2007）的定义，将控制权收益视为“对大股东控制权成本的合理补偿，是大股东投资于控制权所获得的正常投资收益，即控制权的风险溢价”。控制权收益的存在是合理的，大股东在获得这一收益时不会损害中小股东利益。

1.4.5 超控制权收益（Excessive Benefits of Control）

大股东作为理性经济人，受其个体理性的驱使不会满足于仅获得现金流权收益和控制权收益，必然会有强烈的动机去谋取超额收益。因此，大股东必然会在获得控制权收益的同时通过对公司实施掏空来谋取更高的私人收益。这部分收益就是超控制权收益，以损害中小股东利益为代价才可获得。

我们沿用刘少波（2007）的定义，将超控制权收益视为大股东利用手中的控制权、以自身利益最大化为目的、在掏空上市公司的过程中所获得的超过控制权收益的那部分超额收益。这部分超额收益将随着公司内部治理水平的提高和外部监督机制的完善而逐渐消失。可以发现，本书中所定义的超控制权收益与前人文献中所定义的控制权收益的概念一致。

1.4.6 在职消费（Perquisite Consumption）

在职消费指除薪酬契约规定的货币报酬外，公司经理人员所获取的额外收益，是经理可获得的隐性收益的一部分，多数学者将在职消费作为衡量经理的私有收益的一个重要变量。现有研究将经理在职消费行为视为对股东利益的侵害，但正如Rajan and Wulf（2006）的研究所指出的，在合理范围内进行的在职消费有利于提升经理的工作效率；吕长江和赵宇恒（2008）也指出，适度的在职消费是对经理努力工作的一种回报，能够与货币性激励一道共同促进企业绩效的提高。但是，经理在职消费行为超过一定限度后就会损害全体股东的利益，激化股东与经理间的委托代理问题。

我们将在职消费划分为正常在职消费（Normal Perks）和非正常在职消费（Abnormal Perks）两种类型。其中，正常在职消费是经理在获得合同规定的那部分薪酬外所获得的私人收益，这部分收益是对经理努力工作的一种回报，其存在是合理的。在实证分析时，我们借鉴了Luo et al.（2011）的研究方法，通过设立回归模型对样本企业进行分年度分行业的回归获得由经济因素决定的在职消费额，即正常在职消费额；非正常在职消费是经理所谋取的超过合理范围的那部分在职消费。经理谋取非正常在职消费的行为将会对股东的利益造成损害，这部分私人收益是不为法律和股东所允许的。在进行实证分析时，采用经理实际在职消费额减去正常在职消费额后的差值来定义非正常在职消费程度。

1.4.7 掏空（Tunneling）

Johnson et al.（2000）首先提出了“掏空”这一概念，其主要含义是指：大股东通过转移上市公司中的资产或收益等手段来实现自身利益最大化的行为，这一行为将直接损害中小股东的利益。Anatasov et al.（2008）在研究中指出，掏空可分为三类：对现金流的转移、对资产的转移和对所有者权益的转移。其中，对现金流的转移是指大股东从公司转移一部分当期的现金流到自己手中，这一类型的掏空不会对公司的长期价值创造能力产生影响，也不会直接影响到中小股东的收益；对资产的转移是指大股东从公司转移长期资产（包括有形资产和无形资产）的行为，这一类型的掏空将对公司未来的价值创造能力产生永久性地影响，进而损害中小股东的利益；对所有者权益的转移增加了大股东手中所掌握的股权的价值，但会损害公司中小股东的利益，这一类型的掏空不直接影响公司的价值创造能力。

我们在进行实证研究时将采用大股东资金占用程度为代理变量来衡量大股东的掏空程度，这是由于Cheung et al.（2006）和Jiang et al.（2010）的研究发现，资金占用是大股东掏空公司的常用手段，而且这一手段在中国上市公司中被大股东广泛的采用（刘善敏和林斌，2011）。依据高雷和张杰（2009）的研究，大股东的资金占用行为影响了上市公司的正常经营并严重损害了中小股东的利益。因此，资金占用行为属于大股东对公司资产的转移这一类型。

1.5 本书的创新点与不足

1.5.1 创新点

（1）在大股东股权结构范式下，本书首次较为系统地考察了经理在公司治理中的作用及其对大股东掏空行为所产生的影响。研究结果表明，在大股东掌握公司控制权的情况下，经理在公司治理结构中的角色并未消失；同时，经理在大股东掏空过程中采取不同行动时将对掏空程度产生显著的差异化影响。

（2）鉴于已有文献普遍将经理视为同质化群体，本书从经理异质性的视角出发，按照经理独立性将其划分为三种类型：一体型、依附型和独立型，分别考察了不同类型经理在大股东掏空行为发生时所能发挥的作用，并分析了不同类型经理在影响掏空的同时会对公司价值及会计信息质量产生怎样的影响，这在本领域的研究中属于较早的探索和尝试，有助于重新认识经理在公司股权结构集中时所能发挥的重要作用。

（3）本书将经理视为掏空行为监督者的构想进行了模型化的探索。首先，通过构建博弈模型搭建起了经理行为与大股东掏空相关关系的理论框架；其次，通过建立实证模型量化了经理异质性对大股东掏空程度的影响及影响的传导渠道和对掏空经济后果的影响。研究证实，经理并不仅仅是现有文献中所定位的"被动合谋参与者"或各方利益"侵蚀者"，独立性越高的经理越能有效抑制掏空及提升公司价值和会计信息质量。这一结论可能会为有效约束大股东掏空行为提供新的思路。

（4）通过将大股东掏空与经理非正常在职消费置于同一框架下进行分析，本书探究了不同类型经理在大股东掏空过程中扮演"监督者"抑或是"合谋者"的内在机制。证实当所有权和经营权发生分离时，经理对大股东掏空可产生的作用取决于其追逐非正常在职消费动机的强弱。当经理追逐非正常在职消费的动机越弱时，越有利于经理发挥对掏空行为的监督作用。

（5）本书在构建理论模型时引入了控制权私人收益和超控制权收益两个概念，将刘少波（2007）对这两个概念的重新定义通过理论模型进行了诠释，从理论角度证实超控制权收益的获得是以损害中小股东利益为代价的。本书在理论模型中也同时引入了正常在职消费和非正常在职消费两个概念，解释了两部分在职消费的区别，并证实经理非正常在职消费行为实质上就是独立性较低的经理在与大股东合谋进行掏空时对大股东掏空收益的分享。

1.5.2 本书存在的不足

（1）由于大股东、经理和中小股东在博弈过程中的收益受到很多因素的影响，如政府干预和产品市场竞争等外部因素。因此，本书在进行理论模型设计时，并未能考虑到所有的影响因素。

（2）依据对现有文献的总结归纳，可以发现大股东的掏空手段有很多种，除资金占用外还包括对现金流的转移和对所有者权益的转移。因此，本书在进行实证研究时，未能详尽的涵盖对所有的掏空手段的分析。

（3）由于本书在进行实证研究时所选的样本区间为3年，因而，样本期内总经理类型发生变动的样本较少。因此，本书的研究未能讨论样本期内总经理类型发生变动会对大股东掏空程度产生何种影响这一问题。

2 文献回顾与评述

大股东掏空行为不仅会对广大外部投资者的利益造成损害，破坏公司治理，甚至会影响一国宏观经济，引发金融危机。因此，探求掏空行为可能产生的经济后果、寻找可抑制掏空行为的有效机制是中国上市公司在保护中小股东权益、完善公司治理机制方面的现实诉求。同时，经理作为董事会决策的执行者，处于生产经营活动的核心环节。因此，经理对于掏空行为也可能会产生一定影响。但是，现有文献对这部分的研究仍十分欠缺，忽视了经理在掏空中可能扮演的角色。本章研究的目的在于对大股东掏空和经理行为的相关文献进行回顾，并指出现有研究中存在的不足和问题，以期为后面章节的研究打下基础。

2.1 大股东掏空行为研究

2.1.1 大股东掏空行为的生成机制

作为理性的经济人，大股东在掌握了控制权后受其机会主义行为倾向的影响将谋取自身利益最大化。同时，上市公司自身治理结构的缺陷和公司外部治理机制的不完善也为大股东掏空提供了更为广阔的空间。因此，首先明确大股东掏空行为的生成机制将有利于我们寻找相应的公司治理机制对大股东形成制衡，减少掏空。

2.1.1.1 股权结构不合理，为掏空提供了激励

股权结构不合理的一个直接表现就是一股独大，难以对控股股东形成

有效制衡。Shleifer and Vishny（1997）认为，当股权集中度达到一定程度之后，大股东几乎能够完全控制公司，并可以利用手中掌握的控制权谋取私利和侵害中小股东的利益。许文彬和刘猛（2009）则发现，在股权分置改革后，绝对控股结构的上市公司依然将现金股利的发放作为掏空手段，而在相对控股结构的公司中这一现象已不存在。

2.1.1.2 公司内部治理结构不完善，为掏空提供了便利

理论上讲，完善的公司内部治理结构能够对大股东掏空行为产生最为直接的制衡效应，也是降低代理成本最为有效的手段。但是，在现实情况下，不合理的股权结构削弱了其他股东在公司治理中的话语权，继而使上市公司的股东大会、董事会和监事会都处于大股东的控制之下，公司内部治理机制对大股东的监督与制衡作用也无法有效发挥，从而使大股东可以更加肆无忌惮地实施掏空。

2.1.1.3 法律制度不健全，为掏空留下了机会与可能

LLSV（1998, 1999, 2000, 2002）的研究强调了法律保护在公司治理机制中的基石作用，说明法律制度的完善可以通过约束大股东的掏空手段来维护中小股东的利益，加大掏空的难度；反之，不健全的法律制度将为掏空提供更多的机会，也会降低掏空的风险和成本。

2.1.2 大股东掏空上市公司手段

Johnson et al.（2000）认为，大股东掏空的手段是多样化的，既可以是对公司财富的直接转移，也可以是在交易过程中凭借控制权获得溢价。掏空手段的多样性在现阶段中国上市公司中表现尤为突出，制度环境和不甚规范的公司治理结构给掏空提供了更多选择。Atanasov et al.（2008）将掏空手段归纳为大股东对公司现金流、资产和所有者权益的掠夺，现有研究也分别从这三方面入手对掏空手段进行界定。

2.1.2.1 对现金流的掠夺

（1）对现金流的直接转移。Bertrand et al.（2002）发现，印度家族控股

公司的大股东有强烈的动机将现金流从低持股比例的公司转移到高持股比例的公司，以实现自身利益最大化；Claessens et al.（2006）对东亚9国的研究也发现大股东会将资金从急需现金的成长性公司转入到融资约束较小的成熟公司，证实了大股东对现金流的掠夺行为。

（2）资金占用。Cheung et al.（2006）以及Jiang et al.（2010）发现，资金占用是大股东掏空公司的常用手段，而且，这一手段在中国广泛的采用（刘善敏和林斌，2011）。因此，学者在研究时多以资金占用作为大股东掏空的代理变量（高雷等，2006；叶康涛等，2007）。

2.1.2.2 对资产的掠夺

非公允关联交易是大股东对资产进行掠夺的主要形式，Johnson et al.（2000）也指出，大股东利用非公允关联交易的手段从上市公司转移资产和利润的行为普遍存在。余明桂和夏新平（2004）对中国公司的研究指出，控制性股东将通过关联交易转移公司资源；Su et al.（2014）也发现，股利发放水平较低的公司总是伴随着较高水平的关联交易，说明大股东通过关联交易从公司转移了收益，牺牲了中小股东的利益。Cheung et al.（2009）对发行H股的公司进行研究发现，这类公司的大股东更有可能通过关联交易从上市公司转移资源，持相同观点的还有Fung et al.（2013）。Bae et al.（2002）和陈健等（2009）分别对中国和韩国上市公司的研究发现，上市公司附属于企业集团时，大股东通过关联并购进行掏空的行为更易发生。Kang et al.（2004）对韩国财阀的关联交易行为的研究认为，在代理问题较严重的公司中，关联交易发生的可能性更高。因此，关联交易可能沦为控股股东侵占中小股东利益的工具。Cheung et al.（2009）、肖迪（2010）的研究也证实了关联交易可能作为掏空手段存在这一观点，黎文靖等（2012）的研究也以关联交易作为大股东掏空手段展开了分析。Aharony et al.（2010）对中国进行IPO上市的公司进行研究发现，在公司开展IPO前，关联交易被广泛应用于提升公司盈利水平，而这一关联交易的动机主要源于在成功IPO后便于大股东掏空上市公司。值得注意的是，也有研究指出大股东会通过关联交易的手段向上市公司注入资产，即支撑（Propping），但这种支撑行为的真正目的是为了保证大股东未来掏空的可持续性，与保护中小股东的利益无关（Friedman et al., 2003）。

2.1.2.3 对所有者权益的掠夺

（1）关联贷款。Bhaumik and Gregoriou（2010）的研究发现，大股东大量采用关联贷款的方式转移资源且可以无偿占用这笔贷款；Liu and Tian（2012）和Xiao and Zhao（2014）的研究均发现，中国上市公司中也存在大股东利用关联贷款谋取私利的现象。

（2）现金股利。根据股利代理理论，发放现金股利是解决代理问题的一种有效手段。但是，中国资本市场特有的股权分置问题使很多学者看到，现金股利本身也可能成为大股东掏空的一种手段。Lee and Xiao（2004）利用股权分置改革前的数据验证了现金股利发放的利益侵占效应；闫大颖（2004）的研究也表明，非流通控股股东派发现金股利的行为是以"圈钱"为目的的一种自利行为。Lv et al.（2012）和Guo（2013）利用2006年之后的数据进行研究则发现，即使是在股改后，现金股利依然是大股东掏空的一种手段。但是，蒋东生（2010）对用友软件进行的案例分析则反驳了股利作为掠夺手段的观点，认为派发现金股利并非是为满足大股东掏空的欲望，而是对全体投资者的回报。肖作平和苏忠秦（2012）则认为，派发现金股利并不是作为掏空工具而存在，而是一种掩饰掏空的手段。

（3）定向增发。朱红军等（2008）研究了驰宏锌锗大股东定向增发事件，证实定向增发并未能协调大股东与中小股东之间的利益，反而成为大股东进行利益输送的一个渠道。在定向增发过程中，通过支付较低的对价，大股东能够稀释中小股东的权益以此实现利益输送。张丽丽（2018）、林乐芬和熊发礼（2018）对定向增发的研究也证实了在这一过程中大股东存在显著的侵占行为。

2.1.3 掏空可能导致的经济后果

大股东掏空是以利益侵占为目的的，中小股东作为弱势群体势必成为大股东掏空的受害人。这是由于大股东通过多种掏空手段将本属于中小股东的收益转移到自己手中，直接损害了中小股东的利益和降低了公司价值；同时，掏空还会降低公司的信息透明度及资源配置效率，进一步损害中小股东的利益。反之，当中小股东意识到自身利益受到大股东侵害后，将降低投资意愿并退出股票市场，而投资者的退出将使得股票市场失去其融资功能（姜国华和岳衡，2005）。但是，大股东的掏空不可能是无止境的，疯狂掏空的最终结果将是公司退市或破产，更为严重的是引发一国的金融危机（Johnson et al., 2000）。现有的研究也主要从以下三方面展开研究掏空可能产生的经济后果，以期警戒监管部门及广大中小投资者。

2.1.3.1 降低公司价值，损害中小股东利益

无论采取何种手段，大股东掏空的一个最为直接的后果就是影响上市公司的正常经营，降低公司价值，最终损害中小股东的利益。大股东对现金流的掠夺将直接造成公司资金短缺；对资产的掠夺将导致公司利润下降，甚至影响到公司未来的盈利能力（Jiang et al.，2010；姜国华和岳衡，2005）；对所有者权益的掠夺直接损害中小股东手中所持股份的价值。

2.1.3.2 降低信息透明度

Bertrand et al.（2002）指出，大股东可能通过歪曲会计盈余数字来掩盖掏空行为，从而降低公司信息透明度，使外部投资者和监管者难以对企业的真实财务状况进行评价。Attig et al.（2006）对加拿大上市公司的研究也发现，当最终控制人的两权分离度越大时，信息不对称程度越高；Fan and Wong（2002）对东亚9国的研究也证实这一现象是普遍存在的。Byun et al.（2011）利用韩国上市公司的样本进行研究发现，伴随着股权集中度的提高，公司内部人进行内幕交易的可能性上升，进而导致信息不对称程度扩大。

2.1.3.3 降低资源配置效率

大股东对现金流的掠夺极大地降低了资金配置效率，使一些急需现金的成长性公司得不到资金支持，反而越是资金丰裕的公司所能得到的资金越多（Bertrand et al., 2002），这显然与资源进行有效配置的要求不符。同时，Liu and Tian（2012）发现大股东通过关联贷款的方式大肆掏空时会导致上市公司负债率过高，破坏了公司正常的资本结构。Lin et al.（2011）对22个国家上市公司的研究则发现了大股东通过向银行过度举债的方式进行掏空的证据。这一掏空方式加大了银行对债务人的监督成本，导致银行为公司提供贷款的意愿降低，提高了公司债务融资的成本。

2.1.4 掏空行为制衡机制的构建

2.1.4.1 公司外部监督制衡机制

根据Denis and McConnell（2003）的定义，外部治理机制的重点是保证公司运行能有一个公平的外部竞争环境，主要包括法律保护、产品市场竞争、外部审计制度、媒体监督、税收制度和融资融券制度。现有的研究已分别从以上几方面对大股东的掏空行为展开了研究，其中以法律保护方面的研究所取得的成果最为丰富。

2.1.4.1.1 法律制度

以LLSV为代表的学者从法律保护的角度对公司治理效率进行了研究，其理论核心是法律制度对投资者利益保护的影响。现有的研究主要沿着以下三条主线展开。

（1）从国际视角出发，横向比较不同法系国家的公司中大股东的掏空程度有何差异。LLSV的一系列研究认为，相较于法律保护缺失或较弱的大陆法系国家来说，在英美法系等法律制度相对完善的国家中大股东的掏空程度相对较弱。Claessens et al.（1999）、唐宗明和蒋位（2002）、Bhattacharya et al.（2003）和Bushman et al.（2004）、Dyck and Zingales（2004）均证实了法律保护抑制掏空的有效性。

（2）在一国范围内，研究不同阶段、不同地区的法律保护水平对掏空行为的影响。沈艺峰等（2004）和陈炜等（2008）的研究发现，随着我国法制化进程的加快，大股东的侵害程度呈逐渐下降的趋势。王俊秋和张奇峰（2007）以不同地区市场化进程为法律制度完备程度的代理变量，同样证实了较高的法律保护程度对大股东侵害行为的抑制作用。Cuomo et al.（2013）对意大利上市公司的研究也指出，法律制度的不断完善将通过降低两权分离度来抑制大股东的掏空动机。

（3）研究跨境上市对大股东掏空的影响。Stulz（1999）、Coffee（2002）、Reese and Weisbach（2002）、Doidge（2004）和Doidge et al.（2009）通过研究赴美上市的公司也发现，美国股票市场上较为严格的法律制度能够对改善公司治理产生积极作用。

2.1.4.1.2 产品市场竞争

Bai et al .（2004）认为，产品市场竞争是除法律制度外又一缓解代理问题的重要外部治理机制；姜付秀等（2009）和伊志宏等（2010）的研究也证实，提升产品市场竞争的激烈程度是降低代理成本和提升信息披露质量的有效手段。He（2012）通过对日本上市公司的分析发现，当公司处于竞争较为激烈的行业中时更倾向于发放高额现金股利，来缓解大股东和外部投资者之间的代理问题；Obeme et al.（2014）对伊朗上市公司的研究也得到了相同的结论。Gao and Kling（2008）也发现，产品市场竞争能够有效约束大股东资金占用行为。

2.1.4.1.3 外部审计制度

外部审计的作用是使会计政策得以贯彻实施和提高公司的盈余信息质量，但现有研究对外部审计能否约束大股东的掏空行为仍未形成定论。

（1）外部审计能够有效发挥监督作用。Francis and Wang（2008）通过对42个国家中公司的会计信息质量的研究发现，只有在聘请国际“四大”会计师事务所做外部审计时，法律保护程度的提高才会对改善公司盈余信息质量起到积极作用，强调了外部审计对法律制度的补充作用；Fan and Wong

（2005）、Choi and Wong（2007）则强调了外部审计对法律制度的替代作用。王鹏和周黎安（2006）、刘成立（2010）的研究也同样发现，外部审计会对大股东的掏空行为出具非标准审计意见，进而对掏空行为形成约束。

（2）外部审计与大股东形成合谋。Shleifer and Vishny（1997）指出，外部审计能够有效监督内部人侵害行为的一个重要前提就是会计师事务所能够保持独立和公正。但是，唐忠良（2012）的研究发现，会计师事务所作为逐利的经济人，有可能会从自身利益最大化的角度出发（如抢占审计市场和赚取高额审计费用），从而丧失了独立性和公正性而与大股东合谋，对掏空行为不予披露。

2.1.4.1.4 媒体监督

媒体监督通过影响公司内部人的声誉来实现其治理作用。一方面，掏空行为一经媒体披露通常会引起监管部门和社会公众的注意；另一方面，媒体披露的信息也更容易为外部投资者理解和接受（徐莉萍和辛宇，2011），从而使公众对掏空行为形成预警。Dyck and Zingales（2004）的研究表明，在法律外制度中，媒体监督是降低控制权私人收益的一个重要因素；Miller（2006）和李培功及沈艺峰（2010）、陈红等（2014）均证实了媒体的监督作用。李焰和王琳（2013）肯定了媒体监督过程中声誉机制的重要性，同时提出了声誉共同体的概念，通过案例分析，其研究发现：媒体负面报道将通过影响声誉共同体中证监会的声誉来迫使证监会加强对五粮液的行政干预，进而保护中小股东的利益。叶勇等（2017）认为，媒体监督能够显著抑制家族企业大股东的掏空行为。但是，也有学者对媒体的监督作用提出了质疑。戴亦一等（2011）以及孔东民等（2013）都指出，政府凭借监管权对媒体的干预（Besley and Prat, 2006）和媒体的自利行为（郑志刚，2007）都会削弱媒体的监督作用。因此，媒体的独立性和客观性决定了其监督作用的有效性。应千伟等（2017）也认为媒体监督对公司治理会产生负面影响，因为媒体关注程度的提高会通过吸引个人投资者对公司进行关注，进而导致公司进行盈余管理，这一问题在非国有上市公司中表现得尤为突出。同时，刘启亮等

（2013）也指出，媒体的监督作用能否有效发挥还依赖于法律环境的改善。

除以上两种观点外，也有学者对媒体的作用进行了分类讨论。孟庆斌等（2015）则认为媒体监督的作用主要取决于控股股东的侵占程度大小。当侵占程度较小时，媒体曝光对公司价值所带来的负面影响也相对较小。此时，控股股东反而会加大侵占的程度来瓜分更多的收益。当侵占程度上升到一定水平后，媒体监督的正向作用开始发挥，因为此时媒体曝光会带来急剧的公司价值下降，控股股东继续侵占将得不偿失。沈艺峰等（2013）讨论了媒体监督的其中一个分支——网络舆论的公司治理机制。其研究发现，网络对公司定向增发产生的负面舆论将作为外部治理机制的有效补充，但对于公司内部治理机制的促进作用有限。

2.1.4.1.5 税收制度

由于征税制度的存在，国家对于企业利润拥有强制索取权（Desai et al.，2007）。因此，税率的高低及征税制度会对企业的利润产生影响，进而影响内部人行为。Desai et al.（2007）的研究证实了税收制度的设计与公司治理有效性之间存在关联。王亮亮（2018）在此基础上，通过进一步的拓展研究，证实了税率水平及征税制度对大股东掏空动机的影响。其中，税率水平越高时大股东掏空动机越强，而税收征管强度则能抑制大股东掏空。

2.1.4.1.6 融资融券制度

我国股票市场从2010年3月31日起，融资融券业务正式进入市场操作阶段，在其后的发展中，逐步实现有序扩容。作为中国资本市场上的新兴制度，现有文献对其作用的讨论主要集中在其对股票市场定价效率的影响（Curtis et al.，2014；陈海强和范云菲，2015）、对股票价格波动性的影响（Chang et al., 2014; Henry and McKenzie，2006）以及对市场流动性的影响（Anchada and Hazem，2003；廖士光和杨朝军，2006）。但是，肖浩和孔爱国（2014）在研究融资融券交易对股价波动性的影响时指出，这一交易制度的引入降低了股价的波动性，而且这一影响是通过降低标的证券的噪音交易、提升信息传递速度、降低公司盈余操纵以及降低投资者之间的信息不对称程度来实现的。基于这一思想，融资融券制度的推出也能够从降低信息不对称程度这一根源出发缓解委托代理问题，在完善公司治理方面发挥积极作用。而这一结论在已有研究中也得到了证实。Karpoff and Lou（2010）对存在财务错报的美国上市公司的研究发现，卖空交易量与财务错报的严重性正相关，而且卖空交易使财务错报被发现的时间显著提前。这一结果表明，卖空机制的引入能够有效提升信息披露质量。杨慧辉和刘伟（2018）对信息披露程度的研究也证实了卖空机制提高信息透明度的积极治理作用，且这一积极作用在两权分离度高的公司中更为显著。因此，这一制度能在一定程度上抑制大股东的机会主义行为。

从已有的研究情况来看，学者们主要从盈余管理的视角分析了融资融券制度的公司治理作用。Fang et al.（2013）和Massa et al.（2012）指出，卖空投资者对目标公司盈余质量的关注，会增加管理层操纵利润的风险，进而对盈余管理形成约束。顾琪和陆蓉（2016）研究发现，卖空机制的引入能够对公司盈余管理行为产生有效的约束作用，而且卖空交易越活跃，这一效应越明显。陈晖丽和刘峰（2014）对融资融券制度的研究也证实了这一效应。更进一步，有学者认为，卖空机制的放松能够有效约束内部人的机会主义行为。张会丽等（2016）以两权分离度作为代理变量衡量了公司治理对企业被融券做空水平的影响，证实了当公司治理水平较差时会带来融券做空水平的提高以及融资融券制度在约束内部人行为、提升治理水平方面可发挥的积极作用。侯青川等（2017）证实卖空机制的放松能够通过影响估价进而抑制大股东的掏空行为。张璇等（2016）和黄俊等（2018）均证实，卖空机制的引入能够提升分析师对估价波动的预测准确度，进而对内部人的机会主义行为形成约束。

2.1.4.2　公司内部监督制衡机制

由前文对公司外部治理机制的分析可知，加强法律对投资者权利的保护是抑制大股东掏空和改善公司治理的最根本途径。同时，提升产品市场竞争程度、建立行之有效的外部审计制度和媒体监督、设计合理的税收制度及引入融资融券制度都是对法律制度的有效补充。但是，单独从外部治理机制的角度研究公司治理问题已无法满足现实需要，因为外部治理机制只有通过内部治理机制才能发挥作用。因此，更多的学者开始重视分析公司内部治理机制对大股东掏空行为的制衡作用。关于这方面的研究主要从以下几点展开阐述。

2.1.4.2.1 独立董事

对独立董事的研究主要侧重于分析独立董事的监督作用。早期的文献多采用了独立董事整体的独立性，即独立董事人数在董事会中所占比重来衡量独立董事公司治理作用的有效性，结果发现独立董事无法有效地监督公司内部人行为（Hermalin and Weisbach, 1988；Bhagat and Black, 2000；Mak and Li, 2001）；高雷等（2006）的研究也指出，独立董事对大股东的资金占用程度所能产生的监督作用不显著。但是，叶康涛等（2007）的研究认为，独立董事无效监督论出现的一个重要原因就是未考虑独立董事内生性的问题（Denis and Sarin, 1999）。因此，在控制了可能存在的内生性问题后，叶康涛等（2009）证实沪市上市公司中独立董事能对大股东的资金占用行为形成有效抑制。然而，独立董事整体的独立性可能只是形式上的独立。如果独立董事仅有独立之名而无独立之实，自然无法有效地履行监督职能。因此，也有一些学者开始从独立董事个体的独立性入手，通过对独立董事背景的识别来判断其是否具有真正的独立性。支晓强和童盼（2005）发现，中国上市公司中的独立董事多与大股东存在关联，独立董事个体上的不独立使其监督作用难以发挥；余峰燕和郝项超（2011）发现，独立董事的行政背景会影响其独立性，进一步降低公司会计盈余信息质量；何贤杰等（2014）则发现，独立董事的证券背景将降低外部投资者公平获取上市公司信息的可能性。

2.1.4.2.2 股权制衡度

Bennedsena and Wolfenzon（2000）指出，当存在多个大股东时，控制权由多个大股东共同分享，使得任何一个大股东都无法获得对公司的绝对控制权。因此，股权制衡被视为抑制大股东掏空的一种有效的公司治理机制，

Pagano and Röell（1998）、Gomes and Novaes（1999）、Maury and Pajusty（2005）均论证了多个大股东存在时对提升公司价值和降低代理成本所能起到的积极作用；Huyghebaert et al.（2012）也发现，当控制权集中在其他大股东手中时，控制性股东的掏空行为将得到抑制。姜付秀等（2017）从缓解融资约束的视角探讨了股权制衡这一机制的公司治理有效性，其研究证实：多个大股东的存在可以对大股东的掏空形成有效抑制，进而缓解融资约束。而且，股权制衡度越高，这一效应越突出。但是，不少研究也发现，股权制衡所能起到的积极作用并不如人们想象的那样乐观。Faccio et al.（2001）、董志强和蒲勇健（2006）就指出，股权制衡使大股东的现金流权和控制权出现较大的分离进而给大股东带来掏空上市公司的激励。刘星和刘伟（2007）的研究甚至指出，其他大股东可能会与第一大股东形成合谋进而加剧大股东掏空的程度。退一步来讲，多个大股东在抑制大股东掏空行为的同时也并不一定会提升公司价值，因为伴随着股权制衡的一个隐患就是股东对控制权的争夺（朱红军和汪辉，2004）。徐莉萍等（2006）指出，控制权的争夺会分散大股东监督经理行为和公司决策的精力，导致公司价值下降。

另有一些学者认为，股权制衡度与掏空的相关关系并非是完全线性的，股权制衡度的积极作用能否有效发挥还依赖于股权集中度对大股东掏空动机的影响。Morck et al.（1988）分析认为，大股东在不同的股权集中度下会有不同的行为选择，由此而形成“壕沟防御效应”和“利益协同效应”。Ding et al.（2007）的研究也证实，在股权集中度较低时，大股东的掏空能力和动机都会随着股权集中度的提高而上升，表现出“壕沟防御效应”。此时，多个大股东的存在将对掏空产生积极的抑制作用。但是，当股权集中度达到一定水平后，大股东与上市公司的利益逐渐达成一致，大股东掏空动机将随着股权集中度的提高而下降，表现出“利益协同效应”。此时，提高股权制衡度可能就会引致控制权争夺的问题。焦健等（2017）也证实了股权制衡度与掏空抑制存在U型关系。

2.1.4.2.3 机构投资者持股

20世纪80年代以来，机构股东积极主义（institutional shareholder activism）逐渐兴起，机构投资者由于拥有资金优势、信息优势和较强的专业能力而被认为是监督公司内部人的重要力量。机构投资者作为外部股东在积极介入公司治理、追求自身利益最大化的同时有可能为公司全部外部股东争取利益。现有的一些研究也对机构投资者在监督大股东时所发挥的积极作用予以了肯定。王琨和肖星（2005）、洪剑峭和薛皓（2008）及刘志远和花贵如（2009）从机构投资者持股与关联方资金占用的角度进行研究发现：机构投资者持股比例的增加与大股东资金占用程度呈显著负相关。翁洪波和吴世农（2007）研究了股权分置改革前后机构投资者对大股东“恶意派现”行为的抑制作用。另一方面，也有学者从提高上市公司信息透明度的角度论证了机构投资者持股的积极作用。Chung et al.（2002）、Mitra and Cready（2005）和程书强（2006）认为机构投资者持股能有效抑制公司的盈余管理行为。Jiang et al.（2011）发现机构投资者持股能够降低信息不对称程度。但是，机构投资者自身存在的缺陷使部分学者对其监督作用提出了质疑。Jameson et al.（2014）发现，印度家族控股公司中，家族成员在董事会中所占比例越高，公司绩效越差，即使引入机构投资者也无助于解决这一问题。储小俊（2012）甚至指出，机构投资者不仅无法有效制衡控制人的行为，还会利用自身获得的信息优势降低信息透明度。

2.1.4.2.4 境外股东持股

随着中国资本市场的不断开放，越来越多的外资开始进入中国资本市场。外资进入在为企业带来技术进步的同时，其持股所能产生的公司治理效应也引起了广泛关注。由于外资股东普遍未能掌握公司控制权而只有现金流权，因此，这类股东参与公司治理的一个重要途径就是影响公司的现金股利政策。一些研究认为，外资股东是“现金追逐者”。因此，外资持股会促使上市公司提高现金股利的分配水平。Jeon et al.（2010）对韩国、Baba（2009）对日本、Khanna and Palepu（1999）对印度的研究均发现，外资持股会提高上市公司的现金股利发放水平，降低大股东的掏空程度。周县华等（2012）对中国上市公司的研究发现，外资股东促使上市公司发放现金股利能够有效缓解缺乏投资机会的上市公司中的代理问题。但是，也应注意到：外资对掏空的抑制作用并不一定通过提高股利水平来实现。Lam et al.（2012）就指出，外资持股中国上市公司降低了现金股利发放水平，而可能的原因就是外资股东认为现金股利是大股东掏空的一种手段。此时，降低股利发放水平成为抑制掏空的有效手段。

2.1.4.2.5 公司章程的设置

作为规定公司重大经营事项和治理机制的重要文件，公司章程在公司治理中发挥着不可忽视的作用（王海平，2002）。正如吴磊磊等（2011）的研究所述，通过调整公司章程中的条款能够实现股东与股东之间、股东与公司之间利益的协调、权利和责任的对等。因此，合理设置公司章程可以成为约束内部人行为的一种有效手段。因此，其研究认为，合理设置公司章程能够作为外部法律制度的有效替代品来监督内部人行为。在公司章程中设置累积投票权将削弱控股股东对董事会的削弱，并显著减少内部人资金占用行为。许金花等（2018）从公司章程中设置反收购条款对投资者保护的作用的角度进行了分析，证实设置反收购条款能够显著降低大股东的掏空程度，在一定程度上与法律制度和外部审计呈替代效应。姚颐和刘志远（2011）同样认为，在章程中赋予中小股东超额投票权能够通过削弱大股东的控制权来缓解委托代理问题。

2.1.4.2.6 债权治理

Bruslerie and Latrous（2012）研究证实，债务融资能够在一定程度上抑制公司内部人的自利行为，并且可以成为一种有效的公司治理机制。刘海明和曹廷求（2018）认为银行贷款政策作为公司债权治理的一个维度，其贷款政策的变化也将对公司治理产生影响。以银行续贷限制为贷款政策的代表，其研究认为，续贷政策能够有效抑制掏空和减少非效率投资。但是，更多的研究得到的结论是债务融资对抑制掏空是无效的，债权人反而会成为大股东利益侵占的对象（雒敏，2011；宋小保，2014）。当企业负债率越高时，大股东侵害的程度反而越高（Faccio et al.，2003；白云霞等，2013）。冯旭南（2012）以银行贷款作为家族企业外源债务融资的研究发现，银行贷款融资为大股东掏空提供了便利条件。

2.1.4.2.7 中小股东治理

中小股东在公司治理中一直处于弱势地位，而且也是公司内部人侵害的主要对象。而面对侵害时，中小股东的表现却不尽如人意，一方面在“用手投票”时“搭便车”，寄希望于他人；另一方面只能通过“用脚投票”消极对抗（郑国坚等，2016）。因此，其公司治理作用长期被忽视。但是，这一情形在上市公司获得一定程度的公司章程自治后有所改变，也有越来越多的学者开始关注这一群体的公司治理作用。黎文靖等（2012）通过对社会公众股东的网络投票参与率的分析证实，在股权集中度较高、议案与自身利益切实相关等情形下，中小股东能够积极行使投票权参与公司治理，并且其参与行为能够有效保护自己的利益。Bebchuk（2005）认为，在股权分散的上市公司中，赋予股东更多的权利能够显著改善公司治理中的各项制度安排。黎文靖和孔东民（2013）的研究也证实，中小股东参与公司治理的程度越高，代理问题越能够得到有效缓解，最终，公司绩效的提升也会越显著。但是，也有学者指出，对于中小股东治理作用的分析需要更为客观和全面。Brainbridge（2006）就反驳了Bebchuk（2005）的观点，他认为在股权分散的公司中赋予股东经营管理权可能会降低公司价值。因此，现有的运行机制应该保留。同时，Listoken（2010）也对赋予中小股东更多权利的作用产生了质疑，其结论认为，在不改变其他治理机制的情形下，单纯提升股东权利并不能发挥有效的公司治理作用。郑国坚等（2016）对中小股东首次击败控股股东掌控董事会的“深康佳”案例进行分析也发现，中小股东的参与确实可以成为制衡控股股东的有效机制。但是，这一治理机制本身也存在利益联盟松散、治理水平有限、短期偏好显著等问题，导致其在驱逐控股股东后并未能有效提升公司治理水平。

2.2 经理特征与公司治理研究

已有众多学者从理论和实践的角度论证了经理对公司运作及业绩表现的重要影响，且其影响已渗透到公司治理的各个领域（Tichy and Cohen, 1997; Collins, 2001）。现有的研究经理行为与公司绩效相关关系的文献多采用方差分解方法检验经理行为对公司业绩的解释力，如Thomas（1988）对英国同行业上市公司的检验表明，经理的影响在公司业绩方差中占3.9%至7%；Wasserman et al.（2001）对42个不同行业上市公司的测算则发现这一比例为14.7%；Mackey（2008）在改进前人研究方法的基础上，发现经理行为对公司业绩的解释力度高达29.2%。由此可认为，经理行为是影响公司业绩的重要因素。除影响公司业绩外，经理行为也会在很大程度上影响公司决策行为。Bertrand and Schoar（2002）认为，公司表现出的在投资行为、融资行为及组织实践行为方面的差异主要由经理的不同“风格”决定。鉴于经理在公司治理中的重要地位及其对公司决策行为及业绩的重要影响，在所有权和经营权分离的上市公司中，经理行为一直是学者们关注的重点，已有的研究也多从经理个人特征的角度出发研究其对公司治理的影响；同时，也在不同所有权结构的背景下研究经理行为的差异性，并在股东利益至上的理念下探讨如何激励和约束经理行为。

2.2.1 经理个人特征与公司治理研究

由前文的分析可知，在所有权和经营权分离的公司治理环境中，经理行为得到了学者们的广泛关注并试图从多个角度研究如何规范经理行为。但是，正如姜付秀等（2009）指出的，现有的研究经理行为的文献普遍将经理视为同质化群体，而忽略了经理的背景特征不同所导致的行为选择差异。因此，已有学者开始从经理身份特征、选聘机制及经理的自主权等方面研究经理所具备的个人特征如何影响公司治理。

2.2.1.1　经理身份特征与公司治理

经理的身份特征主要包括学历、任期时长、年龄、性别等。Bhagat et al.（2010）的研究发现，学历高低是公司聘任高管的主要考察指标，而且拥有较高学历的高管能够带来公司业绩在短期内的上升，但与公司的长期业绩间不具备显著的相关关系；Ofe（2012）对斯德哥尔摩股票市场已上市的制造业和IT公司的研究、张明如和郭庆然（2010）对中国上市公司的研究同样发现，高管的教育程度与公司绩效间不存在显著的相关性。虽然经理的教育程度对公司业绩的影响程度较弱，但却会对经理行为产生重要影响。Bertrand and Schoar（2002）的研究就发现，拥有MBA学位的经理人表现出更为激进的决策风格。

对经理任期的研究发现，Hambrick and Fukutomi（1991）、Miller（1991）研究认为，CEO的任期越长，进行业务创新和改变经营战略的动机也就越弱。但是，刘运国和刘雯（2010）的研究则发现，高管任期越长越具备丰富的管理经验，越能意识到R & D投入能为自身带来的收益。因此，高管任期越长越有利于公司增加R & D投入。

对经理年龄的研究主要集中在中国国有企业经理人特有的“59岁现象”。在国有企业中，对经理的激励包括薪酬、在职消费与职位升迁，但经理的货币薪酬本就受到政府管制，而临近退休的经理又无获得升迁的可能，因此，这类经理将有强烈的动机去通过职务侵占来实现利益最大化。万华林和陈信元（2010）的研究便指出，通过非市场化手段聘任的国有企业经理更容易出现“59岁现象”，指即将退休经理的侵占动机更强。

对经理性别的研究主要集中于对女性高管参与公司治理所能产生的影响方面。周泽将等（2012）指出，女性高管之所以在现代公司治理中受到广泛重视，主要在于女性高管与男性高管在管理方法和管理风格上存在较大差异，如女性高管普遍是风险厌恶的（Jianakoplos and Bernasek, 1998；Barber and Odean, 2001）及不过度自信的（Bengtsson et al., 2005；李世刚，2013），而这些特质都会对公司治理和企业投资行为产生影响。

2.2.1.2 经理选聘机制与公司治理

经理选聘机制主要反映了经理的来源问题。现有关于经理选聘机制的研究主要从经理的政治关联度及家族企业中继任经理来源的角度论证了经理来源与公司绩效及投资行为的影响。

2.2.1.2.1 政治关联度与公司绩效

经理的政治关联度实际上反映的是上市公司经理与政府部门的关系紧密度，已有研究普遍将政治关联定义为企业的关键人物与政府部门之间所形成的关系，但对政治关联度对公司绩效能产生何种影响却未能达成一致结论。部分研究肯定了政治关联对公司发展的扶持作用。罗党论和黄琼宇（2008）通过对上市公司中董事会成员的背景资料进行识别来判断其政治参与度的研究发现，民营企业中董事会成员的政治关联度对绩效产生显著的正向影响，政治关联可以帮助企业获得相应的高收益。Li et al.（2006）利用2002年全国工商联对中国私营企业的调查数据进行研究发现，企业主的党员身份能够显著提升企业的盈利能力；路铭和潘慧（2009）则采用对广西柳州企业进行调研的数据论证了企业主的人大代表、政协委员身份对提升企业绩效的正向效应。

政治关联度之所以能够提升公司价值，主要在于其向公司提供的融资便利、产权保护、政府补贴、政府合同和税收优惠（于蔚，2013）。首先，政治关联带来的融资便利主要体现在银行融资与股票市场融资两个方面。其中，Johnson and Mitton（2003）对马来西亚上市公司的研究表明，与政府有较为密切联系的企业更容易获得银行贷款，因此，其负债率较无政治关联的企业更高；白重恩等（2005）、Faccio et al.（2006）、Boubakri（2009）、薛冬辉（2012）的研究也得到了相同结论。Houston et al.（2011）对美国S＆P500企业的研究则发现，政治关联企业在获得成本更低的银行贷款时具有优势。在公司进行股票市场融资时，Boubakri et al.（2010）对权益资本成本与政治关联的影响进行研究发现，政治关联企业能够以更低的成本进行股票市场融资；Francis et al.（2009）利用中国上市公司的数据进行研究也证实，上市公司的政治关联度能够使其在IPO过程中享受更多的优惠。其次，已有的研究从多个角度证实了政治关联能够为公司带来的产权保护（罗党论和唐清泉，2009a；杨其静，2011；胡旭阳，2010）、政府补贴（Faccio et al., 2006；罗党论和唐清泉，2009b；余明桂等，2010）、行业准入（罗党论和刘晓龙，2009）和税收优惠（Faccio，2007；Wu et al.，2012）。然而，政治关联给企业带来的正面效应并不如部分学者预期的那样乐观，越高的政治关联度可能带来的寻租和腐败行为将不利于公司业绩的提高和公司治理的完善。Fan et al.（2006）对中国上市公司的研究指出，相比于无政治关联的经理来说，当经理与政府存在关联时，其所在公司在进行IPO后的三年内业绩较差且利润增长能力也较弱；游家兴等（2010）对高管政治关联和高管变更的相关关系进行检验发现，高管的政治关联度越高，其在公司业绩不佳时被更换的可能性越低；潘越等（2009）对财务困境下政府补助的研究指出，政治关联度较高的民营企业在陷入财务困境时更易获得来自政府的补助，但较强的政治关联也使得政府补助的资金难以得到高效的运作；于蔚（2013）的研究也发现，政治关联会同时给公司带来规模扩张和效率损失这一正一负的双向效应。

2.2.1.2.2　家族企业经理继任者问题研究

Burkart et al.（2003）指出，家族企业存在的原因在于经理人市场和控制权市场的不完善。家族企业的普遍存在和在经营管理方面的特殊性使其成为学者们关注的重点。其中，家族企业中的经理来源问题受到的关注最多，学者们围绕着家族成员担任经理和从外部聘任职业经理人孰优孰劣展开了讨论。

家族企业区别于其他类型企业的一个重要特征就是经理与大股东或创始人的关联度。在家族企业创立之初，由大股东或企业创始人来担任经理职务的现象十分普遍。在大股东退休后，由其他家族成员继任经理职务几乎也成为家族企业的首选。相比于从外部市场聘任职业经理人，由家族成员担任经理具有以下几点优势。首先，减少经理与股东间的代理问题。在由大股东担任经理的情况下，所有权和经营权不发生分离，经理与大股东目标重合。因此，由家族企业大股东担任经理是解决股东与经理间代理问题的有效手段（Dalton and Daily, 1992；Kang, 2000；朱卫平，2004；Ali et al., 2007；Chen et al., 2008；Xia, 2008）。其次，提高盈余质量。Healy and Palepu（2001）和Ali et al.（2007）认为，由家族成员担任经理所面临的由于经营不善而被替换的可能性较小，因此，其进行盈余管理的动机也会相对较低；许静静和吕长江（2011）的研究发现，相比于非家族企业，家族企业中第二类委托代理问题对盈余质量的影响要高于第一类代理问题，且由家族成员担任经理能够更好地提升公司的盈余质量。再次，避免行为短期化。相比于职业经理人这一“外人”，家族成员特别是创始人对公司的归属感更为强烈，而且会有更为强烈的动机去实现公司的长期发展。因此，根据夏立军等（2012）的研究，家族企业创始人担任经理时将更为重视长期的投资回报而非短期利益，因此，其公司业绩也将更为稳定。

虽然由家族成员担任经理职务能够产生积极的公司治理效应，但其负面效应也不容忽视。首先，加剧大股东与中小股东间的委托代理问题。相比于从外部聘任职业经理人，家族成员更为了解企业的经营状况（Wang, 2006），并且能够将决策权和执行权掌握在自己手中，因此，其掏空上市公司的能力也会大幅提升。所以，由家族成员担任经理的家族企业中，大股东与中小股东的利益冲突较为严重（Morck et al., 1988）。同时，Jensen and Meckling（1976）的研究也指出，家族成员担任经理可能会进行过度的特权消费，以此作为侵害其他股东利益的手段，并导致公司业绩的下降。其次，增加公司决策风险。夏立军等（2012）研究表明，家族企业创始人掌握管理权时会导致权力过于集中，增加公司决策风险（Adams et al., 2005）。Lee et al.（2014）从经理过度自信的角度进行分析得出，相比于职业经理人，家族成员担任经理总是会过度自信，对公司盈利能力总保持乐观。而过度自信不仅会提高公司的债务比例（Fairchild, 2007）、进行过度投资（Malmendier and Tate, 2004），也会导致公司倾向于从事更高风险的活动（Li and Tang, 2010）。

2.2.1.2.3 经理自主权研究

在企业契约理论中，经理自主权（Managerial Discretion）被定义为经理对公司经营活动的实际影响能力（Beatty and Zajac, 1994）。张长征和李怀祖（2008）将这一理论的核心概括为：经理在公司的一系列契约关系中处于核心地位，经理自主权可被视为与公司其他利益相关者进行权力分享的结果。在张长征和李怀祖的研究范式中将影响经理自主权的因素划分为三个层次：行业环境、内部组织结构和经理个人因素。

①行业环境因素包括产品市场竞争程度、公司被接管的威胁、行业成长性和产品需求稳定性。产品市场竞争程度越高、恶意接管威胁越大、高行业成长性和产品需求稳定性低等行业环境因素将提升经理自主权（Hambrick and Finkelstein, 1987；Andy et al., 2001；Porter, 1980；Finkelstein and Boyd, 1998）。

②公司内部组织结构对经理自主权的影响主要体现在董事长和经理的两职设置、股权集中度、股权性质等方面。首先，在两权设置问题上，现有研究普遍认为当董事长与经理两权合一时，经理将拥有较高的自主权。因此，李维安等（2010）和卢锐等（2008）及权小锋（2010）均将两职合一程度视为衡量经理自主权的一个重要组成部分。其次，李有根和赵西萍（2004）研究发现，公司股权集中度与经理自主权呈负相关关系，控股股东的存在使经理自主权受到了限制。再次，股权性质对经理自主权的影响主要体现在：李维安等（2010）的研究指出，国有控股公司经理人的自主权主要来源于国有企业改革过程中的放权让利，这就使得经理人既与大股东保持着各种联系，又可以利用自身掌握的社会关系网络来影响董事会的决策；而民营企业的经理在由控股股东出任的情况下也将具有干预董事会决策的能力。张三保等（2013）的研究则认为，国有产权的比例将对经理自主权产生负向影响。

③经理个人特征主要包括任期、年龄、教育程度，因此，权小锋等（2010）采用主成分分析法将经理个人特征因素合成为经理自主权变量。

经理拥有自主权将会对公司治理活动产生重大影响，这些影响主要体现在以下几方面。

①企业R & D投入强度。张长征等（2006）的研究认为，由于经理与股东间的利益存在差异，因此，经理自主权与R & D投入强度与发生概率均呈负相关关系。由此得出应约束经理自主权进而提高R & D投入，Dong and Gou（2009）得出了相同的结论。而苏文兵等（2011）将经理自主权划分为职位权、运作权和薪酬权后发现，R & D投入强度与经理职位权和运作权均呈正相关关系，而与薪酬权呈负相关关系；Feng（2013）将研究样本划分为传统企业和高科技企业发现，在高科技企业中经理自主权越大，R & D投入强度越大。

②公司业绩。在代理理论下，由于经理与股东利益不一致，因此，较高的经理自主权将对公司业绩产生负面影响（Pfeffer and Salamcik, 1978）。同时，Adams et al.（2005）研究发现，经理自主权较高时将会导致公司股票波动性的加大，进而导致公司经营的不稳定。但是，Chang and Wong（2003）的研究则认为，经理自主权并不总是负向影响公司业绩。在经理的目标函数与股东趋同时，经理自主权的提高将有利于提升公司业绩。

③经理薪酬。现有研究普遍认为，经理自主权的提高将会显著提升经理薪酬水平（Henderson and Frederickson, 1996；Finkelstein and Boyd, 1998）和在职消费程度（卢锐等，2008；权小锋等，2010）及降低薪酬—绩效敏感度（张长征和李怀祖，2009）。

2.2.2 股权分散结构下的经理行为研究

在Berle and Means（1932）的公司股权结构范式中，由于股权高度分散，股东没有足够的激励来监督管理者（Grossman and Hart,1980），从而使后者实际掌握公司控制权并可以相对无约束地去追逐自身利益并损害全体股东利益。于是，对公司治理问题的早期研究主要集中于股东和经理之间的利益冲突，在股东利益至上的理念下，研究的目的就在于找到一套机制或制度安排来约束经理的自利行为和保护股东的利益不受损害。

现有研究普遍认为经理的机会主义行为包括谋取过高薪酬、进行在职消费及过度投资，这些行为均会侵蚀股东利益。其中，陈雨露和汪昌云（2006）将经理谋取过高薪酬和在职消费行为归类为对股东利益的直接侵害，将过度投资行为定义为对股东利益的间接侵害。

2.2.2.1 对股东利益的直接侵害行为

（1）超额薪酬

在股权分散的情况下，经理权力急剧膨胀，经理完全可以操纵公司薪酬委员会来自定薪酬，而自定薪酬的后果便是经理“天价薪酬”现象的出现。Bebchuk and Gristein（2005）通过研究1993—2003年间美国上市公司高管的薪酬变动趋势发现，80%的公司中的高管薪酬在10年间增长了146%。在美国上市公司中，与高管天价薪酬相对应的是高管与普通员工薪酬差距的扩大。根据Kirkland（2006）的研究可以发现，美国上市公司中高管与普通员工薪酬间的差距自20世纪80年代起不断扩大，于2000年达到峰值，高管薪酬为普通员工平均工资的785倍。虽然这一差距在2004年后有所缩小，但高管薪酬仍然超出员工平均薪酬的350倍。基于此，社会公众对高管获取“天价薪酬”是否合理的质疑声越来越强烈，美国民众甚至走上街头发起“占领华尔街”运动来抗议高管薪酬的持续上涨（方军雄，2012），并将其归为导致2008年金融危机爆发的一大诱因。除上述两个问题外，高管薪酬—绩效敏感度较低也是为公众所诟病的一个问题。Jensen and Murphy（1990）发现美国上市公司中经理薪酬与公司绩效之间的关联度是非常低的，股东财富每变化1000美元，经理的财富才变化3.85美元；方军雄（2009）的研究验证了中国上市公司中高管的薪酬—绩效敏感度较低，且出现薪酬“能上不能下”的怪相，高管薪酬在业绩上升时的提高幅度要大于业绩下降时的减少幅度。

（2）在职消费

在职消费属于经理隐性收益的范畴，当经理作为独立的个体时，作为理性的经济人，经理在获得薪酬的同时有谋取私利的动机。当然，在职消费并非经理隐性收益的唯一表现形式。洪功翔（2001）认为，经理的隐性收益包括在职消费、职位晋升、经理这一头衔带来的社会地位、荣誉及个人成就感和职务懈怠。但是，除在职消费外，其他隐性收益多难以量化，因此，现有研究多以在职消费作为经理隐性收益的一个重要代理变量。

在职消费的成因与经理超额薪酬类似，都是经理掌握较高权力的后果，在经理掌握决策管理权后就能够谋取自身效用最大化，相比于货币薪酬，在职消费更为隐蔽，因而也受到经理的青睐。学者们普遍认为，经理在职消费行为将增加股东与经理间的代理成本。Jensen and Meckling（1976）认为，在职消费将加剧股东与经理间的代理冲突，会对公司价值造成损害；Yermark（1995）以给经理配备私人飞机作为度量经理在职消费的方式，证实对经理在职消费行为及费用的公开将造成股价的急剧下跌，其最终结果也对股东利益造成了损害。在中国上市公司中，学者们也大量发现了经理在职消费的证据。陈冬华等（2005）分析指出，国有企业的薪酬管制现象是导致经理在职消费水平不断提升的重要因素。当货币性的激励和股权激励不足以满足经理诉求时，在职消费成为经理实现自身利益最大化的一个重要途径；孟令国（2005）和屠巧萍（2006）的研究也证实了这一观点。然而，在职消费并非是完全无益的，Rajan and Wulf（2004）研究就认为，在职消费可以提升管理层的工作效率。

为判断在职消费行为对公司治理到底存在正面还是负面效应，现有研究多将在职消费划分为正常在职消费和非正常在职消费。陈冬华等（2005）、吕长江和赵宇恒（2008）的研究就指出，作为公司开展正常经营的需要以及契约不完备性的产物，经理进行在职消费本身具有一定的合理性。因此，在正常范围内的在职消费可作为对经理努力工作的一种回报，但超过正常范围的在职消费将对公司价值及股东利益造成损害。权小锋等（2010）、Luo et al.（2011）和王曾等（2014）的研究均证实了非正常在职消费对公司绩效的负面效应，而这一负面效应在在职消费程度处于正常范围时不存在。

2.2.2.2 对股东利益的间接侵害——过度投资

经理过度投资行为与公司拥有的自由现金流水平挂钩，这一问题最早由Jensen（1986）提出。Jensen（1986）认为，当公司拥有较高的自由现金流水平时将更容易导致经理与股东间的利益冲突加剧。在经理掌握了较多的自由现金流时，将出于最大化自身利益的目的去扩大企业规模，过度投资一些低效率的项目并从中谋利。一些学者研究了经理过度投资的动机，Hart（1995）将经理进行过度投资的动机归因为经理对公司规模扩张的渴望，因为公司规模的扩张有利于经理收益的增长（Conyon and Murphy, 2000）；王曾等（2014）对经理在职消费的研究发现公司规模与经理非正常在职消费程度呈正比，也从另一个角度证实了公司规模扩大对经理收益的正向影响。

对经理过度投资行为的约束机制主要包括股权激励和现金股利分配。其一，对经理实施股权激励有利于引导经理将自由现金流投向盈利的项目，进而使其能够分享公司价值上升带来的股权收益（Murphy, 1998）；吕长江和张海平（2011）也证实股权激励能够同时抑制投资过度行为和缓解投资不足行为，有效降低代理成本。其二，采用发放现金股利的方式解决过度投资问题的思想主要遵循的是股利的“自由现金流”假说。由于公司内部自由现金流过多是导致经理过度投资的主要诱因，而根据“自由现金流”假说，发放现金股利将减少经理可随意支配的资金，进而抑制过度投资行为。因此，现金股利发放是抑制过度投资的一种有效手段（Jensen and Meckling, 1976；Jensen, 1986；唐雪松等，2007）。

2.2.3 大股东控制下的经理行为研究

在股权高度分散的情况下，各股东由于持股比例均较小而缺乏监督经理的热情，普遍存在“搭便车”的行为，从而导致经理行为无法得到有效监督，进而使其能够不受限制地谋取私利。但是，在股权集中的公司治理结构中，大股东控制成为有效监督经理行为的公司治理机制。因此，学者们普遍认为，在大股东控制下，股东与经理间的委托代理问题已得到有效地解决，而真正为学者们所担忧的是由大股东控制而衍生出的委托代理问题——大股东利用手中掌握的控制权，以损害中小股东利益为代价来谋取私利。所以，由前文对相关文献的回顾可以发现，现有研究重点关注了大股东控制下的掏空问题，而此时经理在公司治理中所能扮演的角色或是被彻底忽略不予讨论，抑或是被定义为掏空过程中被动的“合谋参与者”。

研究股东与经理合谋较为经典的文献是Burkart et al.（2003）。Burkart et al.（2003）通过构建博弈模型分析了公司创始人与经理合谋掏空上市公司所产生的经济后果。其研究指出，大股东掏空行为需要经理协助才能完成，证实了经理在掏空过程中将与大股东进行合谋并从合谋中获取私人收益的行为。肖艳（2004）的研究也发现，中国上市公司中的大股东与经理合谋实施掏空的行为普遍存在。中国上市公司中存在的股权结构不合理、内部治理不规范、经理人员选聘机制不规范、信息披露不准确及法律法规建设不完善等问题都为大股东与经理的合谋提供了机会与激励。Zhang et al.（2014）对中国上市公司进行的实证研究也发现大股东与经理合谋的证据，即两权分离度与经理的薪酬—绩效敏感度及变更—绩效敏感度显著负相关，说明大股东的掏空动机越强，薪酬对经理的激励效果越弱；苏冬蔚和熊家财（2014）的研究也证实，大股东的掏空程度越高，CEO的薪酬绩效敏感度及变更绩效敏感度越低。

Zhang et al.（2014）在其研究中指出，为降低大股东的掏空水平，监管部门不应只是关注大股东的各种掏空手段，还应致力于防范大股东与经理形成合谋，因为大股东的掏空行为没有经理的支持也无法实施。在防范合谋的机制中，除完善各项公司内外部治理机制外，对经理的激励和约束同样重要，因为在两方合谋的过程中有一方退出就会导致合谋的不可持续性。在大股东控制下，对经理的激励强度及激励方式由大股东一手掌控，如薪酬—绩效敏感度都由大股东来决定，因此，可以发挥的激励作用并不强。此时，就需要加强对经理参与合谋行为的约束，而声誉可被视为一种有效地约束经理行为的机制。肖艳（2004）的研究中就指出，建立经理人市场聘任机制和监督机制是防范大股东与经理合谋的有效机制。而这一机制建立后的一个重要影响就是提升了声誉对经理行为的约束力。现有研究普遍认为，声誉激励实际上是对经理的一种隐性激励，能够有效激励重视声誉的经理努力工作、提升公司业绩，成为显性激励的替代物（Fama, 1980；Holmstrom, 1982）。叶迎（2007）的研究认为，声誉作为隐性激励的主要工具，在经理人市场能够相对的公平竞争及经理人与市场进行重复博弈的条件下能够有效降低显性激励的成本。黄群慧和李春琦（2001）也指出，声誉的核心是信任，经理只有努力工作才能获得市场、公司和员工的信任；相反，如果经理玩忽职守或以损害委托人利益为代价来谋取私利将破坏经理声誉和各方对其的信任。在信任缺失的情况下，经理一旦被现在的公司解雇将难以找到另一份管理工作，因为任何一家企业主都无法将企业交由声誉较差的经理进行管理。刘丽颖（2013）通过采用倾向得分匹配分析得出高管声誉与公司绩效正相关的关系，证实了声誉激励的有效性。基于以上分析，声誉是约束经理与大股东形成合谋的有效机制，经理在重视自身声誉的前提下将权衡合谋掏空可获得的收益和声誉损失所带来的成本，进而对其参与合谋的动机形成约束。

2.2.4 经理激励机制研究

为防止经理谋取过高薪酬和在职消费行为损害股东利益，加重股东和经理间的委托代理问题，现有研究普遍认为如何对经理设计有效的激励约束机制是十分关键的。依据现有的文献研究，较为有效的激励约束机制包括：股权激励、强制变更与声誉激励。

2.2.4.1 经理股权激励研究

吕长江等（2009）将股权激励定义为："股权激励是一种以公司股票为标的，对其董事、高级管理人员、核心员工及其他人员进行长期激励的方式。"其研究也指出，股权激励的目的就是使激励对象更关注公司的长远发展，消除短期行为，使其更有动力去提升公司价值并实现股东利益最大化；Bizjak et al.（1993）也认为，股权激励与公司市场表现相挂钩，经理可获得的股权收益取决于公司业绩，因此，也能够解决股东对高管监督不力的问题。但是，也有一些学者对股权激励解决代理问题的有效性提出了质疑。周建波和孙菊生（2003）的研究发现，在公司内部治理机制不完善的上市公司中，经理可能会利用股权激励来谋取私利；苏冬蔚和林大庞（2010）从盈余管理的视角研究股权激励的有效性时发现，股权激励具有负面的效应，CEO在盈余管理发生时提高了行权的概率，且行权会导致公司业绩的大幅下降。

2.2.4.2 经理强制变更研究

依据庞金勇（2008）的研究，强制变更对经理的激励约束机制在于：如果经理由于违规或损害股东利益而遭公司解雇，将会极大地影响到其在经理人市场上的声誉，甚至会导致其职业生涯的终结。因此，为保住个人声誉，经理将努力为股东实现利益最大化服务。但是，Fama（1980）、Brickley et al.（1999）研究也发现，经理为避免出现公司业绩下滑而遭到公司解聘，将存在较强的盈余管理动机来对公司业绩进行“伪装”，实际上加剧了经理与股东间的信息不对称问题；庞金勇（2008）的研究也认为，如果公司寻找经理继任者的成本很高或难以寻得合适的继任人，对经理实施强制变更将对公司经营产生很大的负面影响，会引起股价波动。

2.2.4.3 经理声誉激励机制研究

随着激励理论的不断发展，学者们开始将博弈论引入对委托代理问题的研究中，通过构建动态博弈模型研究声誉等隐性激励手段对代理人所能发挥的作用（皮天雷，2009）。余津津（2003）总结现有的研究声誉理论的文献后得出，声誉的作用在于为代理人提供一种隐性激励，即使无法保证其选择最优努力水平也至少能够使代理人努力做到最好，进而增加其长期效用。因此，声誉激励可以成为显性合约的替代品。在对企业声誉理论的研究中，Klein and Leffler（1981）指出，企业声誉好坏是决定企业能否与买家进行重复交易的重要因素。如果企业未能履约，其声誉将受到损害，也会失去一部分顾客，此时的企业所能获得的仅仅是短期收益。Mailath and Samuelson（1998）的研究提出，声誉也属于资产，需要逐步建立和不断投入才能得以维持，否则，最终也会消失。按照这一逻辑，声誉对经理行为也会产生十分重要的作用，因为声誉是经理的一项重要资产，甚至可以说是唯一的资产，需要经理不断努力去维护，进而保证声誉不受损害。而经理的侵害行为一旦被外部投资者和监管者发现，必然会损害经理的声誉。因此，马连福和刘丽颖（2013）采用倾向得分匹配分析方法（PSM）对董事长的声誉激励效应进行研究发现，虽然声誉激励未能减少代理成本，但提高了代理效率，进而提升了公司绩效；Baik et al.（2010）的研究也发现，经理享有的声誉越高，公司的信息透明度和公司价值均越高。在信息透明度得到提高的情况下，经理行为将得到有效约束，委托代理问题也将得到有效缓解。Karuna（2006）和Baik et al.（2010）的研究都指出，经理声誉激励在治理水平较差的公司中能够发挥更大的作用，证实了经理声誉对公司治理的重要补充作用。退一步来讲，即使经理未侵害股东利益，也需要努力抵制公司其他内部人的不道德行为，因为依据Khanna and Poulsen（1995）的研究，在公司发生财务危机时，经理往往扮演着“替罪羊”的角色并承受着公众的责备。在这种情况下，经理的声誉也将受到损害。因此，经理需要更为努力地工作来保证公司不会陷入财务危机而使自身声誉受损害。

2.3 文献评述

纵观现有研究大股东的文献可以发现，鉴于掏空可能产生的严重经济后果，学者们对大股东的掏空行为给予了高度关注，并试图从大股东掏空产生的根源出发来探寻应寻找怎样的公司治理机制来抑制掏空行为。这些研究的落脚点都是希望能构建对大股东的制衡机制，抑制其掏空行为和保护中小股东的利益。

在研究内容上，已有的研究从外部治理机制和内部治理机制两个维度对大股东的掏空行为展开了研究并取得了丰富的成果。特别是在研究中国上市公司情况时，我国学者进行了大量的理论和实证研究，并很好地结合了中国资本市场的实际情况（如股权分置问题、区域法制化进程不平衡以及国有控股占主体地位等特征）进行分析，从指标设计和研究背景设置等方面都做到了将西方学者的研究方法中国化。通过对外部治理机制的文献进行回顾发现，学者们普遍认为完善的法律保护机制、独立公正的媒体监督和外部审计、激烈的产品市场竞争、合理设计的税收制度以及融资融券制度的引入都能够有效抑制大股东的掏空行为。但是，学者们对内部治理机制的有效性产生了较大分歧，得出的结论有时甚至完全相悖。究其原因，主要是由于内部治理机制会更多地受到自身异质性（如机构投资者异质性）、公司特质以及外部治理机制有效性的影响。同时，正如刘少波（2007）所指出的，法律作用于资本市场上的全部上市公司，无法考虑到公司个体所具备的特征。因此，以法律制度为代表的外部治理机制也需要通过内部治理机制来发挥作用。因此，近期的一些研究越来越重视将内外部治理机制视为一个有机整体来全面地分析影响大股东掏空行为的因素。在研究方法上，学者们普遍采用了实证研究、案例分析、构建理论模型分析和事件分析的方法探索了公司治理机制和大股东掏空程度之间的相关关系。但是，无论是单独研究，还是在统一框架下研究内外部治理机制对掏空的影响的文献，原本在分散的股权结构范式下占据重要地位的经理被人为地进行了“消失”，作为处于生产活动核心环节的经理并没有出现在对大股东掏空制衡机制的研究中。我们认为，造成这一结果的可能原因在于：其一，除被动的合谋参与者外，相关研究大多忽略了经理在掏空过程中可扮演的角色。这些研究或是假定经理与大股东的利益已完全一致，又或是假定经理已完全受大股东控制，因此，必然会迫于大股东的压力而配合其掏空。其二，现有关于经理的研究的最终落脚点均为如何加强对经理行为的监督和约束，将经理的角色定位为各方利益的“侵蚀者”。然而，深入研究起来，上述假定都是值得怀疑的。首先，将大股东利益与经理利益一致化的假定违背了经理作为自利经济人的基本假设。当经理作为一个独立个体时，受其个体理性和经济人本质的影响有为自己谋取私利的动机。因此，除了大股东或其家族成员担任经理的情况外，大股东与经理间的代理成本并未随着股权的集中而消失，要求经理与大股东的利益保持完全一致是不合理也是无法实现的。其次，将经理完全视为大股东利益执行者的假设忽略了经理本身拥有的权力。经理作为日常经营活动的参与者，实际上掌握了“对生产经营和资产运作的直接控制权”（瞿宝忠，2003）。因此，当经理权力达到较高水平后，大股东能否完全控制经理行为也就值得商榷。同时，这一假设的疑点还在于，如果大股东能够完全控制经理进而迫使其参与合谋，就无须给予经理任何补偿作为合谋收益。但是，现实情况是：大股东在掏空过程中总要给予经理在职消费、降低薪酬绩效敏感度（苏冬蔚和熊家财，2012）以及对经理许诺未来的政治升迁（王曾等，2014）等作为合谋的回报。因此，祝继高和王春飞（2012）在其研究中就指出，大股东无法完全控制经理的行为。再次，将经理视为“利益侵蚀者”的假设忽略了经理异质性对其行为的影响。中国上市公司最终控制人性质的差异使经理异质性表现得尤为突出。民营企业中的家族控股股东通常会自己担任经理，国有企业的经理多由大股东来委派，还有一种类型就是从公司外部聘任的职业经理人。不同类型的经理由于其目标函数存在差异，进而导致其在公司治理中也将采取不同的行为。当经理的目标函数中人力资本价值所占比重较高时，经理有可能会从维持自身声誉的角度出发，重视经理职业道德，积极抑制掏空行为并提高公司价值（高闯和郭斌，2012）。声誉机制对经理行为的影响已得到了现有文献的证实。郑志刚等（2011）对媒体监督作用的研究发现，媒体监督能够对公司下一期的业绩改善起到正面作用，而这一作用的发挥主要由于经理人注重自身声誉，从而主动采取行动改善业绩。叶勇等（2017）也认为，经理在声誉机制的作用下能够有效抑制掏空。因为在由职业经理人担任经理职位时，媒体监督对大股东的掏空抑制更为有效。

鉴于这些问题，虽然近年也有个别文献关注于此，如张秀娥等（2009）尝试从经理人力资本的角度探讨经理对掏空行为可能起到的监督抑制作用，但其研究未能考虑到不同类型的经理在这个过程中可能会扮演不同角色，结论也缺乏理论模型和实证研究的支撑；祝继高和王春飞（2012）、高闯和郭斌（2012）对国美电器案例的研究发现，在大股东控制的情况下，经理代理问题仍然存在，经理甚至有可能会与大股东争夺控制权。但是，这两篇文献未考虑经理的异质性，其分析也仅限于国美电器这一个案，且其研究视角并非讨论经理能否抑制大股东的掏空行为。因此，本书的研究将着重从经理行为入手，通过理论建模与实证研究等手段，来揭示不同类型经理在采取不同行动时会对大股东的侵害行为产生何种影响以及经理采取不同行动的动机何在，并同时研究经理异质性对公司价值和会计信息质量的影响，进而充分认识经理在股权集中的公司治理结构中所扮演的角色。

3　经理异质性影响大股东掏空行为的理论分析

作为研究的逻辑起点，经理特征及其对大股东掏空行为的影响是本书重点关注的内容。在中国上市公司中，由于国有控股企业和家族企业的广泛存在，中国上市公司中的经理类型更加多元化，经理异质性也表现得更为突出。不同类型的经理有差异化的利益诉求，在大股东掏空的过程中也将发挥不同的作用，不可一概而论。因此，单纯地将经理视为同质化群体来研究其参与公司治理的行为与现实情况并不相符。本章将首先对经理参与公司治理的逻辑进行分析，并结合中国的现实制度背景对经理类型进行界定和划分，分析不同类型经理具备哪些特征及利益诉求，进而研究不同类型经理对大股东掏空行为能够产生何种影响及产生这一影响的原因。同时，本章还将以博弈论为分析工具，通过构建理论模型来分析大股东、中小股东与经理在掏空过程中的博弈行为，并由此分析不同类型经理对大股东掏空程度的影响及其传导机制，以及对掏空所产生的经济后果的影响，以期为后文的实证研究提供理论支持。

3.1　经理的公司治理逻辑

3.1.1　经理在公司治理中的角色与定位

所有权与经营权相分离在现代公司治理结构中普遍存在，伴随着两权分离而产生的是经理这一层级在公司治理中的兴起。作为具备较高学历和专业知识水平的稀缺性人才，经理掌握着大量的经济资源，其人力资本价值投入的高低会对公司价值及成长性带来很大的影响。小艾尔弗雷德·钱德勒在《看得见的手——美国企业的管理革命》中对经理式企业的发展模式给予了充分肯定。他认为，经理由于不持有或持有很少股份，其职业前景及收益均依赖于公司的长期发展。因此，相较于家族成员，经理将较好地对企业进行经营管理使之适应现代企业发展的需要。Gillan（2006）对公司治理概念的描绘也充分体现了经理在公司治理中的核心地位。由图3-1可发现，经理处于公司治理的核心，直接受董事会的监督和领导，同时掌握了对公司日常生产、销售及雇佣的控制权，其行为直接影响公司的经营绩效。因此，经理在公司治理中的作用十分重要，无论股权结构如何变化，只要所有权和经营权发生分离，经理的核心地位便不可抹杀。

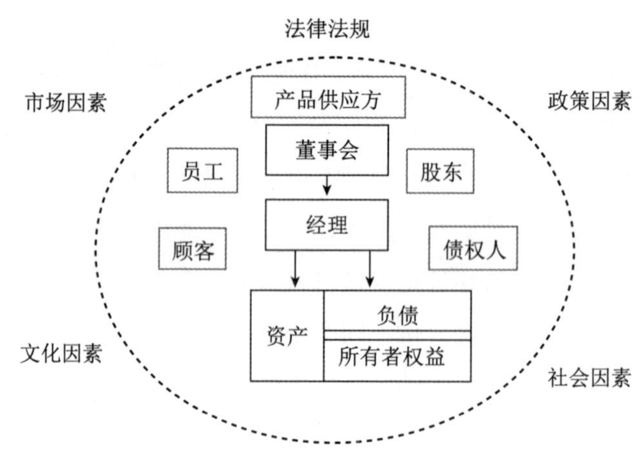

图3-1　资产负债表外的公司治理

资料来源：Gillian（2006）

3.1.1.1　经理与股东利益冲突占主导地位下的经理角色

如前文所述，经理这一层级是伴随着所有权与经营权的分离而出现和兴起的。但是，所有权和经营权的分离也使企业所有者与经理的利益出现分歧与冲突，二者之间的委托代理问题由此产生。在Berle and Means（1932）的公司股权结构范式中，由于股权高度分散，小股东由于“搭便车”问题的存在而缺乏足够的激励和能力来监督经理行为（Grossman and Hart, 1980），后者从而实际掌握公司控制权并可以相对无约束地去追逐自己的利益并损害股东利益。Jensen and Meckling（1976）首先分析了股东与经理间委托代理问题形成的机理。他们认为，当所有权和经营权分离时，经理作为一个独立的个体会追逐自身利益最大化，因此会在最大化公司价值进而获得更高的显性收益与追逐隐性的非货币性收益最大化之间做出权衡。经理追逐隐性货币私人收益的行为与股东最大化公司价值的诉求是相悖的，因此，二者利益的不一致成为经理与股东间委托代理问题产生的根源。

Jensen and Meckling（1976）的研究指出，代理成本损害公司价值的原因在于：市场上理性的投资者会对经理追逐私利的行为产生预期，进而会调低对公司的价值评估，调低的部分就为代理成本。在股东利益至上的理念下，为降低代理成本和完善公司治理，众多的学者将研究重点置于如何加强对经理行为的监督和约束，使其更好地为股东利益服务。因此，当股东与经理的利益冲突在公司治理中占据主导地位时，经理作为代理人在多数情况下被定位于各方利益的“侵蚀者”，公司治理的重点也在于设计有效地激励机制来监督经理自利行为，进而保障股东的利益不受损害。

3.1.1.2　大股东与中小股东利益冲突占主导地位下的经理角色

从20世纪80年代起，陆续出现了对公司控制权溢价的研究。这些研究认为，股权结构已不再如Berle and Means（1932）所述的是高度分散的，股权集中的结构已成为一种普遍且稳定的公司治理结构（Holderness, 2003）。股份持有的高度集中和占有的控制性所有权看起来是整个世界的规则（Shleifer and Vishny, 1997），大股东的出现有效解决了在监督经理行为时的“搭便车”问题，因此也较为有效地缓解了股东与经理间的代理问题。但是，大股东的治理结构也会带来成本，Shleifer and Vishny（1997）指出，大股东代表自身利益来监督经理行为和管理公司，其与其他股东的利益也会产生不一致甚至是冲突。LLSV（1999）认为，这一冲突就表现在：大股东会利用手中掌握的控制权来谋取不为所有股东所共享的私人收益，且这一行为是以损害中小股东的利益为代价的。据此，在除英、美等国的大多数国家的公司中，占据主导地位的代理问题已不是Jensen and Meekling（1976）所指出的股东和经理间的利益冲突，而是大股东和中小股东间的代理问题，即大股东利用控制权谋取私利并侵害中小股东的利益。

当越来越多的研究发现股权的相对集中及大股东的存在是普遍现象时，研究者们便自觉或不自觉地将公司的控制权与大股东联系起来，从而隐秘地完成了控制权运作由经理范式向大股东范式的演进。在研究范式作了这样的悄然转变后，经理与股东的利益冲突及二者间的代理问题被人为地隐匿了（刘少波，2007）。学者们关注的重点是如何治理大股东掏空问题，将经理视为同质化群体，并假定（或隐含假定）其与大股东利益一致，因而，经理不再被关注，其在公司治理结构中被人为地进行了角色“消失”；或者是在大股东掏空时将经理视为被动的“合谋参与者”，经理在大股东的强势控制下将不得不支持大股东的任何行动。然而，上述的假定与现实情况是相悖的，理由如下所述。

（1）大股东对经理的监督仅仅是缓解了股东与经理间的代理问题而并未完全解决，所有权和经营权并未随着股权的高度集中而重新回归统一，两权分离的现象依然存在。因此，作为掌握公司经营权的经理仍然是公司治理结构中的主体，依然扮演着重要角色，在研究大股东掏空问题时不能将其角色隐匿。

（2）在研究掏空时将经理视为同质化群体的做法已然忽略了家族企业成员和职业经理人的差异性，更徨论去考虑中国国有控股公司经理行为的特征。当经理来源不同时，其个人追求与行为都会有所区别，而这些区别将在大股东掏空中发挥差异化的作用，对掏空产生不同程度的影响。

（3）将经理视为被动的“合谋参与者”，忽略了经理掌握的人力资本可为其带来的“谈判力”上升及经理维护个人职业道德的取向。一方面，作为人力资本的重要提供者，经理的经营能力在大多数情况下决定了公司的盈利能力及未来发展。因此，当大股东迫使经理参与合谋掏空的行动时，经理依然有与大股东进行谈判的筹码而无须对其言听计从；如果谈判失败，经理甚至可以选择离职来反抗大股东。在失去经理人力资本支撑的情况下，大股东利益也会受损。另一方面，经理遵循职业道德也是其不与大股东形成合谋的一个重要原因。小艾尔弗雷德·钱德勒（2014）指出，当经理走上高位后，并不必然会像人们所担心的那样会为了追逐私人收益而丧失职业道德。相反，经理人员将这份工作视为实现自我价值的终身职业，而非“一次性博弈”。高闯和郭斌（2012）的研究便发现，经理的职业道德将促使其为避免大股东的侵害行为损害公司价值而与大股东展开控制权之争。因此，正如张秀娥（2009）指出的，经理出于维护人力资本价值和遵守职业道德的考虑使得经理对大股东的监督制衡成为可能，经理可能与其他公司治理机制一道成为大股东掏空行为的监督者。

因此，基于以上分析，在大股东与中小股东利益冲突占主导地位的情形下，经理依然在公司治理中发挥着重要作用，遵守职业道德的经理甚至能够成为制衡大股东掏空行为的有效公司治理机制。

3.1.2 经理参与公司治理的机制

纵观现有的关于公司治理的实践，经理作为公司高级管理人员贯穿于所有的治理环节。因此，经理处于公司运作的核心地位。《公司法》赋予了经理独立行使日常经营管理及业务执行的权力，经理拥有的权力使其能够更好地参与公司治理、影响大股东行为及员工行为。具体来说，首先，经理掌握的人力资本所带来的权力提升了经理与大股东进行谈判的能力，进而使经理能够影响大股东的行为。由前文的分析可知，经理掌握的人力资本为稀缺资源，决定了一个企业的兴衰成败。因此，现代企业对经理人力资本的依赖性日益渐强。在企业对经理人力资本的依赖性较强时，经理离职会给企业带来巨大损失[①]。因此，经理可以利用掌握的人力资本作为与大股东展开谈判的筹码，约束大股东损害公司其他利益相关者的行为。其次，在公司治理中，董事会掌握了决策权，而经理则掌握了决策的执行权，也即董事会的决策能否得到有效执行取决于经理的执行力。张秀娥等（2009）的研究认为，当董事会的决策不符合全体利益相关者的利益时，经理可以拒绝执行这一决策。因此，经理也可通过拒绝执行董事会决策来抑制董事会的"非伦理"行为。再次，经理也可影响下层管理者与员工的行为来发挥其公司治理作用。由于在公司中由经理直接领导员工，因此，员工的价值取向在很大程度上会受到经理的影响。当经理遵守职业道德、努力工作并积极抵制大股东的侵害行为时，将会给员工带来直接的感召力，引导员工用职业道德来约束自身行为，与经理形成拥有相同价值观的共同体。因此，在经理与员工上下一心为公司奉献时，将带来公司价值的迅速上升和公司的快速发展。

3.2 经理类型界定与特征分析

3.2.1 经理类型界定

基于以上分析，在股权结构相对集中从而使大股东掌握公司控制权的情形下，经理作为公司治理结构中的一个有机部分，在大股东掏空发生时并不总是扮演"被动合谋者"的角色。本书认为，为充分认识经理在掏空时所扮演的角色和产生的作用，需要具体分析经理的性质、经理的生成路径及其独立性，以此为标准进行分类讨论。根据在上市公司年报中披露的经理个人简

① 经理离职给企业带来的损失有二。首先，经理在企业长期任职，熟悉企业的各项运作机制及具体业务。因此，经理一旦离职，企业不得不再次聘任新的经理，特别是从外部市场聘任的经理将花费更长的时间来熟悉企业业务。此时，企业管理将会经历一段时间的"空窗期"，这将给企业经营带来损失。其次，依据高闯和郭斌（2012）的研究，遵守职业道德的经理将获得来自外部投资者、下层管理人员、企业客户甚至是公司员工的信任与追随。当经理离职时，将会带走这些忠实于经理的利益关联方。外部投资者的撤离和公司员工的大批离职都会给企业带来损失。

历等信息，可以按照经理来源及其与大股东利益关系的强弱将经理具体划分为三种类型：一体型、依附型和独立型。

3.2.1.1 一体型经理

一体型经理是指由大股东本人或家族成员、一致行动人等担任的经理。这一情形一般存在于家族控股上市公司中，大股东作为公司创始人在担任公司董事长的同时也会担任经理职务；在大股东退休后，也会倾向于任命本家族内部的成员来担任经理。在这一情形下，公司的所有权和经营权不会发生分离，可假定经理与大股东之间的“血缘纽带”能保证二者的利益基本达成一致。此时的经理没有个人利益诉求而一心一意为大股东的利益服务，力求实现大股东利益最大化。因而，此时上市公司中股东与经理间的利益冲突已不存在，仅有大股东与中小股东间的代理问题。

3.2.1.2 依附型经理

依附型经理是指由大股东委派的经理。这一情形多存在于国有控股上市公司中，大股东多为政府部门或国有企业，通常会委派有行政背景或在控股母公司中担任高管的人员担任经理。此时，经理与大股东身份不重合，公司的所有权和经营权发生分离，经理有一定的个人利益诉求，在获得货币薪酬和进行正常在职消费的同时有为自己谋取更多私利的动机。此时，经理与股东之间的委托代理问题仍然存在，经理要接受来自大股东的监督。但是，依附型经理由大股东委派，其与大股东无论是在经济利益还是政治利益上仍存在较强的关联，在很多情形下，这些利益获得与否取决于大股东的意愿。因此，依附型经理也需要在一定程度上迎合大股东的意愿来保障自身的利益。

3.2.1.3 独立型经理

独立型经理为上市公司从外部市场上聘任的职业经理人。此时，经理与大股东的身份不重合，所有权和经营权发生分离，经理有自身的利益诉求，因此，也会受到大股东的监督。但是，与依附型经理不同的是，由于独立型经理是从外部市场聘任的，与大股东不存在较强的利益联系，因而也就无须为获得更多的私人收益来满足大股东的利益诉求。同时，与其他两种类型经理均不同的是，独立型经理仅拥有人力资本，而且其人力资本价值也主要是通过市场而非大股东来评定，因而其将十分重视自身在经理人市场的声誉，从而保证人力资本价值不会贬值。因此，作为仅拥有人力资本而无物质资本的独立型经理，将不会选择以损害自身声誉为代价来获得非正常私人收益。

由以上对经理类型的界定可以判断，不同类型经理由于来源及生成路径不同，其与大股东之间的利益关系也有亲疏之分，由此可以判断不同类型经理的独立性高低：一体型经理与大股东属于利益共同体，不是一个独立的个体，因此，一体型经理的独立性最低；依附型经理作为一个独立个体有自身的利益诉求，但其行为仍要受到大股东的控制，因此，其独立性居中；独立型经理来自公司外部，与大股东不存在较强的利益关联，因此，其独立性最高。由此，经理独立性由高到低排列为：独立型>依附型>一体型。

3.2.2 中国上市公司经理的特征分析

3.2.2.1 不同经理类型的总体情况分析

从不同类型经理持股比例的情况来看（见表3-1），截至2012年末，一体型经理持有最多股份，平均值达到4660万股；而依附型经理的持股数量最低，平均仅为3.95万股。造成这一结果的原因可能在于：一体型经理多由大股东本人担任或家族成员担任，因此，经理与大股东的身份发生重合；而依附型经理所在的国有控股上市公司出于行政原因和国有资产保值的考虑，对依附型经理的激励主要以货币薪酬和政治升迁为主。从经理薪酬的情况来看，独立型经理的相对薪酬均值最高，总经理薪酬达到员工平均薪酬的12.82倍，说明上市公司多采取支付较高货币薪酬的手段来吸引职业经理人；而依附型经理的相对薪酬均值最低，表明国有控股上市公司中存在对经理的薪酬管制现象。分析在职消费的统计分析结果可知，依附型经理的在职消费水平最高，均值为5.3%，且最大值达到2.63；独立型经理的在职消费水平最低，平均值仅为2.5%。

表3-1 基于经理类型分类的经理持股、薪酬及在职消费情况（2012）

	经理类型	平均值	最大值	最小值	标准差
经理持股（万股）	一体型	4660	105000	0	7780
	依附型	3.95	57900	0	3130
	独立型	757.2	58400	0	2980
经理薪酬	一体型	12.72	15.27	0	1.92
	依附型	12.57	15.56	0	2.63
	独立型	12.82	16.43	0	1.84
在职消费	一体型	0.036	12.89	0	0.52
	依附型	0.053	7.04	0	2.63
	独立型	0.025	1.78	0	0.11

3.2.2.2 地区与省市间的比较

由于不同地区的开放程度和市场化进程有所不同，可能会对经理的选聘机制产生影响。因此，我们在本节中将按照上市公司所在地对样本进行分类，分析不同类型经理在各地区和省份所占的比重。通过分析表3-2列示的统计结果可以发现，经济发展水平和市场化程度较高地区的上市公司更倾向于聘请职业经理人。

按照区域来划分，中国七大区域的市场化程度呈现了比较明显的阶梯形态，七大区域的市场化指数按照从高到低的顺序排列为：华东（10.22）、华南（8.00）、华北（7.79）、华中（7.68）、东北（7.32）、西南（5.66）和西北（4.99），各地区上市公司的总数也随着市场化指数的递减而逐级下降。在这些区域中，经理类型也呈现了不同的分布特征，如下所述。（1）一体型经理的比例在华东地区最高，比例为43.85%，说明接近一半的一体型经理聚集于华东地区的上市公司中。这可能是由于华东地区民营经济较发达，江、浙一带有众多家族控股上市公司，这些家族控股公司更倾向于任命家族成员担任经理；西北地区上市公司中一体型经理的比例最低（仅为1.88%）。（2）独立型经理的比例在华东地区最高，比例为37.78%。这一结论说明，在市场化程度越高的区域，经理人市场建设也较为完善。因此，这些区域中的上市公司也有更多机会聘任独立型经理。同理，独立型经理的比例在市场化程度最低的西北地区也最低。（3）依附型经理的比例在华东地区最高而在西北地区最低，但与前两种类型不同的是，华东地区的依附型经理的比例为28.41%，远低于其公司总数所占比例（36.91%）。因此，华东地区这一比例最高可能主要得益于其上市公司总数最高。西北地区依附型经理的比例仅为6.98%，但高于其公司总数所占比例（5.03%）及一体型和依附型经理的比例，说明在上市公司数量较少的西北地区，依附型经理占据主体地位。

表3-2 不同类型经理地区与省市间分布情况统计

省份	上市公司总数	百分比/%	经理为一体型	百分比/%	经理为独立型	百分比/%	经理为依附型	百分比/%	市场化指数
北京	204	8.56	53	8.36	92	8.21	56	8.89	9.87
河北	47	1.97	8	1.26	26	2.32	13	2.06	7.27
山西	33	1.38	4	0.63	15	1.34	14	2.22	6.11
天津	37	1.55	3	0.47	20	1.79	14	2.22	9.43
内蒙古	23	0.96	3	0.47	10	0.89	10	1.59	6.27
华北小计	344	14.42	71	11.19	163	14.55	107	16.98	7.79
安徽	76	3.19	16	2.52	33	2.95	27	4.29	7.88
江苏	228	9.56	93	14.67	105	9.38	30	4.76	11.54
山东	146	6.12	36	5.68	79	7.05	31	4.92	8.93
上海	184	7.72	33	5.21	90	8.04	61	9.68	10.96
浙江	246	10.32	100	15.77	116	10.36	30	4.76	11.8
华东小计	880	36.91	278	43.85	423	37.78	179	28.41	10.22
福建	85	3.57	29	4.57	40	3.57	16	2.54	9.02
广东	352	14.77	141	22.24	148	13.21	63	10.00	10.42
广西	25	1.05	4	0.63	18	1.61	7	1.11	6.17
海南	24	1.01	6	0.95	7	0.63	11	1.75	6.4
华南小计	486	20.40	180	28.39	213	19.02	97	15.40	8.00

续表3-2

省份	上市公司总数	百分比/%	经理为一体型	百分比/%	经理为独立型	百分比/%	经理为依附型	百分比/%	市场化指数
江西	31	1.30	6	0.95	14	1.25	11	1.75	7.65
河南	66	2.77	13	2.05	34	3.04	19	3.02	8.04
湖北	81	3.40	12	1.89	42	3.75	27	4.29	7.65
湖南	69	2.89	16	2.52	28	2.50	25	3.97	7.39
华中小计	247	10.36	47	7.41	118	10.54	82	13.03	7.68
辽宁	63	2.64	15	2.37	27	2.41	21	3.33	8.76
黑龙江	30	1.26	4	0.63	13	1.16	13	2.06	6.11
吉林	35	1.47	4	0.63	15	1.34	16	2.54	7.09
东北小计	128	5.37	23	3.63	55	4.91	50	7.93	7.32
甘肃	25	1.05	3	0.47	14	1.25	8	1.27	4.98
陕西	37	1.55	5	0.79	19	1.70	13	2.06	5.65
宁夏	11	0.46	2	0.32	5	0.45	4	0.63	5.94
青海	10	0.42	1	0.16	6	0.54	3	0.48	3.25
新疆	37	1.55	1	0.16	20	1.79	16	2.54	5.12
西北小计	120	5.03	12	1.90	64	5.71	44	6.98	4.99
四川	88	3.69	13	2.05	43	3.84	31	4.92	7.56
贵州	21	0.88	2	0.32	8	0.71	11	1.75	5.56
云南	26	1.09	1	0.16	11	0.98	14	2.22	6.06
重庆	34	1.43	6	0.95	18	1.61	10	1.59	8.14
西藏	10	0.42	1	0.16	4	0.36	5	0.79	0.97
西南小计	179	7.51	23	3.64	84	7.50	71	11.27	5.66
总计	2384	100	634	100	1120	100	630	100	

注：数据截至2012 年末；市场化指数为2009年的数据（樊纲等，2009）；各地区小计除市场化指数外，均为本地区上市公司数量和占比加总，地区市场化指数为本地区内各省份市场化指数的平均值。

其次，按照省份进行划分样本可以发现，在样本中的31个省份里，市场化程度排名前5的省（直辖市）分别为：浙江、江苏、上海、广东、北京，其市场化指数的平均值为10.92；市场化程度排名最低的5个省（自治区）为贵州、新疆、甘肃、青海和西藏，其市场化指数平均值仅为3.98。从不同类型经理的分布情况来看：（1）在经理为一体型时全部的634家上市公司中，排名前5省份的上市公司中一体型经理所占比例的总和为66.14%，说明超过50%的一体型经理聚集于这5个市场化程度较高的省（直辖市），且这一聚集情况在浙江、江苏和广东三省最为明显；排名最低的5省（自治区）的这一比例仅为1.25%。（2）在经理为独立型时的全部1120家上市公司中，排名前5省份的上市公司中独立经理所占比例的总和为49.34%，表明接近一半的职业经理人在这些省份的上市公司中担任总经理职务；排名最低的5省（自治区）的这一比例仅为4.61%。（3）依附型经理也主要聚集在市场化程度最高的5省（直辖市）的上市公司中，所占比例为38.62%，且这一情况在上海、广东和北京三省（直辖市）最为明显。这一比例在市场化排名最低的5省（自治区）为6.75%，略高于这一区域内上市公司总数所占比例（4.28%）。

3.2.2.3 行业间比较

按照证监会行业分类标准，我们将上市公司划分为16个行业，其中制造业中的上市公司数量最多，在2384家公司中占比64.39%；住宿和餐饮业的上市公司的数量占比最低，仅为0.50%（见表3-3）。通过比较表3-3中的全体上市公司行业分布情况和各类型经理的行业分布占比可以发现如下规律。

（1）一体型经理在制造业上市公司中所占比例最高，在全部632个一体型经理样本中占比77.22%，高于制造业上市公司占全体样本数的比例64.39%。在综合业、能源生产及供应业、住宿和餐饮业三个行业中，一体型经理的占比最低，均仅为0.16%，特别是在能源生产及供应业中，总体样本公司中其比例为一体型经理所占比例的20倍。

（2）与一体型经理的情况相同，独立型经理在制造业中所占比例为63.99%，与行业内上市公司占比基本持平。在批发和零售业和房地产行业中，独立型经理比例分别为7.84%、6.86%，且分别高于行业公司数在全体样本在公司中的比例1.76和1.37个百分点，说明在这两个行业的公司中，相较于其他两种类型经理，职业经理人担任经理的比例更高。

（3）制造业上市公司中的依附型经理比例最高，达到52.22%，但相较于行业内公司占比低了12.17%，表明国有控股公司已逐渐退出传统的制造行业。依附型经理比例在科学研究和技术服务业中比例最低，仅为0.16%，且远低于行业公司数占比，表明在这一行业中，一体型经理和独立型经理的比例更高，而由大股东委派经理的情况较少出现。

表3-3 不同类型经理行业分布情况统计

行业	全体样本	百分比/%	经理为一体型	百分比/%	经理为独立型	百分比/%	经理为依附型	百分比/%
采矿业	68	2.85	9	1.42	25	2.23	34	5.40
能源生产及供应业	78	3.27	1	0.16	33	2.94	44	6.98
房地产业	131	5.49	15	2.37	77	6.86	39	6.19
建筑业	63	2.64	11	1.74	32	2.85	20	3.17
交通运输、仓储和邮政业	79	3.31	4	0.63	24	2.14	51	8.10
科学研究和技术服务业	13	0.55	5	0.79	7	0.62	1	0.16
农林牧渔业	39	1.64	8	1.27	15	1.34	16	2.54
批发和零售业	145	6.08	15	2.37	88	7.84	42	6.67
公共设施管理业	24	1.01	2	0.32	13	1.16	9	1.43
卫生和社会工作	4	0.17	2	0.32	2	0.18	0	0.00
文体娱乐业	26	1.09	5	0.79	10	0.89	11	1.75
信息技术服务业	123	5.16	59	9.34	48	4.28	16	2.54
制造业	1535	64.39	488	77.22	718	63.99	329	52.22
住宿和餐饮业	12	0.50	1	0.16	9	0.80	2	0.32
租赁和商务服务业	21	0.88	6	0.95	6	0.53	9	1.43
综合	23	0.96	1	0.16	15	1.34	7	1.11
全部样本	2384	100	632	100	1122	100	630	100

注：数据截至2012年末；剔除金融行业。

3.2.2.4 公司变量间比较

本节按照经理类型将总样本分为三类，分别为经理为一体型时和其他、经理为独立型时和其他、经理为依附型时和其他，后使用两样本T检验和方差齐性检验分别对三种分类情况下的样本做对比研究，结果列示于表3-4。

（1）比较经理为一体型时和经理为其他类型时的情况可以发现，公司规模、LEV、股权集中度和EPS等变量的T值均在1%的水平上显著，表明一体型经理所在公司的这些变量与其他类型公司存在显著不同；所有变量的方差齐性检验结果的F值均在1%的水平上显著，说明两样本的总体方差的差异是十分显著的。同时，分析均值结果可得，公司规模与LEV变量的两样本的均值差为正，说明相比于其他类型经理所在公司，一体型经理执掌的公司规模和LEV较小；股权集中度、EPS变量的两样本均值差为负，说明一体型经理所在公司的股权集中度和EPS均高于另外两种类型。

（2）经理为独立型时，与其他类型的经理进行比较可以发现，除LEV和PE变量外，公司规模和Tobin' Q值等变量的T值在1%的水平上显著，ROE的T值在5%的水平上显著，股权集中度变量则在10%的水平上显著；除股权集中度变量外，其他变量的方差齐性检验结果的F值均显著。分析两样本的均值差可知，公司规模、股权集中度等的T值为正，说明相比于其他两种类型公司，独立型经理所在公司规模较小、股权集中度偏低；ROE、PE、Tobin' Q值等的T值为负，表明独立型经理ROE、PE、Tobin' Q值均高于其他两种类型公司，职业经理人能够带来更好的公司业绩。

（3）比较经理为依附型和其他类型时的情况可以发现，除PE变量外，所有变量的T值均显著，且所有变量的方差齐性检验结果的F值均在1%的水平上显著。两样本的均值差显示，ROE、股权集中度、EPS和Tobin' Q值等变量的T值为正，说明依附型经理所执掌公司的公司会计业绩、公司价值、盈利能力及股权集中度均低于其他两种类型公司；公司规模、LEV和PE等变量的T值为负，与表3-4中的结果一致。

表3-4 上市公司变量的两样本T检验和方差齐性检验结果

公司变量		一体型	其他	独立型	其他	依附型	其他
公司规模	均值	11.96	12.90	12.41	12.73	13.46	12.21
	T值	14.30	(0.00)	4.95	(0.00)	-20.44	(0.00)
	F值	2.93	(0.00)	1.32	(0.00)	0.57	(0.00)
LEV	均值	0.29	0.47	0.42	0.41	0.53	0.36
	T值	9.83	(0.00)	-0.34	(0.37)	-9.28	(0.00)
	F值	4.95	(0.00)	0.19	(0.00)	4.05	(0.00)
ROE	均值	0.08	0.09	0.09	0.80	0.08	0.09
	T值	0.38	(0.35)	-0.03	(0.02)	1.80	(0.04)
	F值	2.11	(0.00)	1.35	(0.00)	0.44	(0.00)
股权集中度	均值	0.67	0.62	0.63	0.64	0.60	0.65
	T值	-7.74	(0.00)	1.41	(0.08)	6.12	(0.00)
	F值	1.68	(0.00)	1.02	(0.38)	0.70	(0.00)
EPS	均值	0.45	0.37	0.39	0.40	0.35	0.42
	T值	-2.70	(0.00)	0.39	(0.35)	2.28	(0.01)
	F值	1.98	(0.00)	1.93	(0.00)	0.34	(0.00)
PE	均值	54.28	64.24	63.61	59.77	65.05	59.29
	T值	1.08	(0.14)	-0.43	(0.33)	-0.63	(0.26)
	F值	0.86	(0.02)	1.90	(0.00)	0.65	(0.00)
Tobin' Q	均值	1.51	1.78	2.05	1.50	1.48	1.80
	T值	1.22	(0.11)	-2.58	(0.01)	1.44	(0.08)
	F值	73.80	(0.00)	0.01	(0.00)	46.54	(0.00)

3.3 经理异质性影响掏空的渠道及其对掏空经济后果影响的理论分析

3.3.1 经理异质性影响大股东掏空的渠道

理论上讲，不论公司股权结构如何，经理作为公司日常经营活动的主要参与者都是公司治理结构中的一个有机组成部分，也在很大程度上构成公司权力制衡中的一个要素。因此，在大股东掏空发生时，不同路径产生的经理在行为方式和利益诉求上，特别是在与大股东的“合作”和“合谋”方面，会有较大差异。基于本书对一体型、依附型和独立型三种类型经理所进行的定义可发现，不同类型经理在面对大股东掏空时会采取差异化的行动：一体型经理无条件配合掏空，依附型经理有条件地与大股东形成合谋，独立型经理不会配合掏空。

经理作为理性经济人采取任何行动时都有其内在的动机，不同类型经理的动机也存在差异，这就需要依照经理的独立性来进行具体分析。首先，当经理为非独立个体时，经理与大股东间“血缘纽带”使二者形成利益共同体，经理采取任何行为的出发点都是为实现大股东利益的最大化。因此，在掏空发生时经理将给予大股东无条件地配合，将大股东的掏空成本降到最低并保证大股东能获得全部掏空收益。其次，当经理为独立个体时，其行动的目标函数开始与大股东产生偏差，经理采取任何行动的动机都将是实现个人收益最大化而非大股东利益最大化。经理的利益诉求是多元化的，可分为显性收益和隐性收益，显性收益是在经理薪酬契约中已做明确规定的那部分收益，主要包括货币薪酬、股票、期权以及津贴等几个方面，经理通过操纵显性收益来最大化个人收益的难度较高；隐性收益是指经理凭借其管理权地位所享受的私人收益，包括在职消费、职务升迁、职务懈怠（不作为）来增加个人闲暇时间等。因为隐性收益在事前不为契约所确定，所以，经理此类收益的弹性较大，可以通过与大股东进行讨价还价来获得。因此，作为独立个体的经理在大股东掏空过程中究竟是扮演“合谋者”还是“监督者”的角色将主要取决于其可获得多少隐性收益。所以，将经理的隐性收益纳入讨论范畴有助于理解不同类型经理采取差异化行动的内在机制。具体来说，在本书的研究中将主要以在职消费中的非正常在职消费部分作为衡量经理是否以损害股东利益为代价谋取更高隐性收益的指标，这是由于：其一，依据第1章中对在职消费的定义，在职消费中的正常在职消费部分属于经理的合理收益，能够对经理起到有效的激励作用；其二，职务懈怠（不作为）为消极谋利方式，不符合企业家精神且不为大股东所允许，同时难以量化。

基于本书对一体型、依附型和独立型三种类型经理的定义可发现，三种不同类型经理由于其与大股东关系的亲疏、自身独立性和利益诉求方面存在差异，在面对大股东掏空时可能采取的行动及其对大股东掏空成本的影响均存在差异，具体情形如下所述。

3.3.1.1 一体型经理影响掏空的渠道

一体型经理由大股东本人或其家族成员担任，因此，经理与大股东间的“血缘纽带”可保证二者的利益完全一致。一体型经理作为一个非独立个体，没有自身的利益诉求，也不会谋取私利，其所有行动的出发点都是保证大股东利益最大化，由此可以认为，一体型经理的利益诉求即为实现大股东利益最大化。基于此，在掏空行为发生时，一体型经理会无条件地配合大股东掏空行动[①]，使大股东可以获得全部掏空收益，即超控制权收益。这一情况即为现有文献中对经理在掏空过程中所发挥作用的普遍假定。在其他条件不变的情况下，大股东在经理的倾力协助下可以最为便利地掏空上市公司，此时大股东可获得全部掏空收益且无须与经理分享，其掏空收益最高而掏空成本最低，因而其掏空动机最强。因此，一体型经理对大股东掏空起到了推波助澜

---

① 此时，无条件地配合并不是合谋。因为根据Tirole（1992）对合谋的定义，合谋是指两个或两个以上的经济主体，从个人利益最大化角度出发而相互勾结损害他人利益的一种行为。由于一体型经理采取无条件的配合行为是以满足大股东利益最大化为出发点的，因此一体型经理对大股东掏空的无条件配合的行为并不属于合谋的范畴。

的作用。

3.3.1.2 依附型经理影响掏空的渠道

依附型经理由大股东委派，此时，所有权和经营权发生分离，因此，与一体型经理不同的是：依附型经理作为一个独立个体有自身的利益诉求。所以，依附型经理在获得薪酬、股权激励及进行正常在职消费的同时，会为谋取自身利益最大化而进行更多的非正常在职消费。同时，与独立型经理不同的是，依附型经理的人力资本价值并非由经理人市场决定，而是由大股东来决定，因此，依附型经理谋取非正常在职消费的行为被发现后对其在经理人市场上的价值影响并不大。所以，依附型经理对个人在外部市场上的声誉并不十分重视。

由于依附型经理身兼“政治人”与“经济人”双重身份，对于依附型经理来说，政治晋升与在职消费同属于隐性激励的范畴（王曾等，2014），多重的利益诉求使得依附型经理对大股东掏空行为的影响较为复杂。一方面，为谋求政治晋升，经理会在一定程度上迎合大股东的意愿（吕长江和赵宇恒，2008），对其掏空行为给予合作；同时，为谋求非正常在职消费，也会在一定程度上与大股东合谋。另一方面，由于政治晋升与非正常在职消费同属于隐性激励的范畴，两者之间具有相互替代关系，在一定时期内经理只能获得其中之一（王曾等，2014）。虽然政治晋升对依附型经理来说比进行非正常在职消费更加重要，但政治晋升是一个较为长期的过程，需要经历培养和考察等阶段，且需等到上级职位空缺时经理才有机会得到提拔（杨瑞龙等，2013）。当经理在短期内没有政治升迁机会时，会具有更强的谋求非正常在职消费的动机。此时，大股东为获得经理的合谋，仅给予经理政治晋升的许诺恐怕无法满足经理的需求。因此，在短期内大股东也会对经理的非正常在职消费行为采取一定程度的容忍和默许[①]。在经理的合谋下，大股东能够

① 当经理处在晋升当期或者是前一期时，过多的在职消费行为被曝光将会对其晋升产生影响，此时的大股东将不会默许其非正常在职消费行为。

更为便利地实施掏空进而获得掏空收益。然而矛盾的是，由于经理非正常在职消费实际上就是对大股东掏空收益的分享，因此，非正常在职消费的增加是对大股东利益的一种侵蚀并构成掏空成本。所以，这一行为提高了大股东进行掏空所需支付的成本，并形成掏空抑制。当大股东为拉拢经理形成合谋而默许后者获得的非正常在职消费大于大股东可获得的掏空收益时，大股东将减少与经理在掏空上的合谋，从而会减轻掏空程度。从这个意义上说，依附型经理可对大股东的掏空行为形成一定程度的抑制。

3.3.1.3　独立型经理影响掏空的渠道

由于独立型经理多为从外部市场上聘任的职业经理人，因此，经理与大股东间不存在依附关系或存在很弱的依附关系。此时，独立型经理作为独立的个体也有自身的利益诉求，但与依附型经理不同的是：独立型经理自身的利益诉求很大程度上会受到声誉机制的影响。这是由于声誉好坏直接决定了独立型经理人力资本价值的高低，根据Fama and Jensen（1983）构建的声誉模型，经理为避免声誉受损，将更加重视并恪守职业道德，不会为谋取非正常在职消费而去配合大股东的掏空行为。同时，如果大股东的掏空行为最终将导致公司的衰败甚至破产，独立型经理将失去一切。因此，出于维护自身声誉和人力资本价值的角度考虑，独立型经理将会尽可能地抵制掏空行为。在没有经理的配合下，如果大股东实施掏空将为此付出高昂的成本，因而其掏空动机及收益均会下降。因此，独立型经理能够对大股东掏空行为产生有效的抑制作用。

由以上分析可以得出不同类型经理影响大股东掏空的渠道为：一体型经理无条件配合掏空的行为为大股东提供了激励，此时掏空程度最高；依附型经理为谋取自身私人利益最大化而与大股东合谋，在一定程度上激励了掏空，但也提升了掏空成本，此时的大股东掏空程度较经理为一体型时有所下降；独立型经理对个人声誉的重视使其不会配合大股东的掏空行动，这将导致掏空成本进一步上升，此时的大股东掏空行为得到有效抑制，掏空程度最低。

3.3.2 经理异质性与大股东掏空的经济后果

由现有的研究大股东掏空的文献可知，无论大股东采取何种手段进行掏空，掏空最为直接的经济后果就是影响公司的正常经营、降低公司的价值，最终对中小股东的利益造成损害。同时，由于大股东掏空往往伴随着盈余管理行为，因此，大股东掏空的另一个经济后果便是提升公司的盈余管理程度、降低公司会计信息质量。因此，在本节中将分析不同类型经理的行为将对公司价值及会计信息质量产生怎样的影响。

3.3.2.1 一体型经理对掏空的经济后果的影响

一体型经理无条件配合掏空的做法为大股东掏空提供了激励。在一体型经理的推波助澜下，大股东的掏空程度最为严重、发生频率也最高。因此，过高的掏空程度给公司价值带来了极大的负面影响。除掏空的因素外，由家族成员担任经理也受到众多学者诟病。虽然此时公司中的股东与经理间的代理问题由于所有权和经营权的统一而基本得到解决，但部分家族成员由于缺乏管理才能（Burkart et al., 2003）且掌握了集中的决策权（Adams et al., 2005），而使得其决策能力较低且决策风险相对较高，这对提升公司价值也是十分不利的。同时，由于大股东掏空行为降低了公司价值，因而需要进行盈余管理粉饰公司业绩来稳定投资者信心。薄仙慧和吴联生（2009）的研究指出，中国上市公司进行盈余管理的重要动机便是获得IPO资格、增发配股资格及避免退市。相比于国有控股公司，家族控股的非国有公司在发生亏损时没有获得政府补贴和资本市场优先融资等优势，因此，这一类型公司中的经理会面临更大的压力，进而有更强烈的动机操纵会计盈余信息来掩盖掏空。所以，在经理为一体型时公司的盈余管理程度较高，即会计信息质量较差。

3.3.2.2 依附型经理对掏空的经济后果的影响

依附型经理会以获得非正常在职消费为目的而与大股东形成合谋共同实施掏空，这一方面为大股东掏空提供了便利，但另一方面也会增加大股东的掏空成本。因此，经理为依附型时，大股东的掏空行为将得到一定程度上的抑制，大股东无法再肆无忌惮地进行掏空。在掏空程度降低的同时，公司价值也就会相应的上升。因此，相比于经理为一体型时，经理为依附型的公司的价值更高。除此之外，在国有控股公司中，公司绩效是大股东对依附型经理进行考核的一项重要指标。因此，为达到大股东的考核要求进而获得政治晋升，依附型经理也需要努力工作来提升公司价值。同时，在大股东掏空行为得到抑制的情况下，经理进行盈余管理的动机相对也会下降，且国有控股公司为避免退市而进行盈余管理的动机也较弱，因此，经理为依附型时的盈余管理程度较一体型经理时有所下降，会计信息质量得到提高。

3.3.2.3 独立型经理对掏空的经济后果的影响

独立型经理执掌上市公司能够有效抑制掏空行为的发生，因此，在无掏空或掏空程度较低时公司价值能够得到最为有效的提升。除此之外，作为职业经理人，独立型经理相较于一体型和依附型经理具备较强且专业的管理才能，也能够根据市场形势及时准确的执行公司决策，最为有效的提升公司价值。同时，独立型经理为避免危机出现时承担责任和蒙受个人声誉的损失，将投入大量的精力来管理公司，实现企业财富的增值。在掏空得到有效抑制的情况下，独立型经理无须进行盈余管理掩盖掏空，同时也会为遵守职业道德而抵制盈余管理这一不道德行为。

总结以上分析可以发现：一体型经理执掌公司时，公司价值最低且会计信息质量较差；由于依附型经理能够在一定程度上降低掏空，因此，此时公司价值及会计信息质量较经理为一体型时较高；独立型经理能够较为有效地抑制掏空，且努力程度最高，因此，相比于另外两种类型经理，此时的公司价值及会计信息质量最高。

3.4 经理异质性与掏空相关关系的理论模型构建

3.4.1 模型构建的理论基础

3.4.1.1 “经济人”假设

经济人即为完全以追求物质利益最大化为目的而开展经济活动的主体。现有的关于公司治理的研究大部分都是建立在“经济人”是自利的这一假设基础上的。在公司治理的参与主体中，大股东会从最大化自身利益的角度出发来监督经理、实施掏空；经理也会为谋取更多的私人收益而去追逐过高的薪酬和非正常在职消费；中小股东和其他利益相关者作为“经济人”同样会谋求个人收益最大化，或者至少是不被大股东和经理侵害自己的利益。“经济人”的假设虽然在近些年来受到了一些学者的质疑，但还是可以认为这一假设是合理的，因为它基本上符合现实情况，在研究公司治理问题中所见的主体也均是自利的。

3.4.1.2 委托代理理论

委托代理理论是建立在非对称信息博弈论基础之上的。在其研究范式下，委托人与代理人所掌握的信息严重不对称，这种不对称既是事前也是事后的，这就给委托人监督代理人行为带来了困难。同时，由于委托人与代理人二者的效用函数往往不一致，委托人追求的是公司价值最大化，而代理人则追求的是自身财富最大化，这就必然会导致二者的利益冲突。因此，委托代理理论的主要任务就是研究在利益冲突和信息不对称的情况下，委托人如何设计最优契约激励代理人并约束代理人的自利行为。从委托代理理论的思路来看，在两权分离、委托人与代理人间信息不对称及利益冲突均存在的环境下，委托代理问题就一定会存在，各种公司治理机制的出现和运用仅能缓解这一问题而不能完全消除。因此，即使是在股权高度集中、大股东与中小股东间的代理问题占据主导地位的今天，上市公司中经理与股东的利益冲突依旧存在。经理在大股东控制下的谋取私利行为虽有收敛，但其个人利益诉求依然存在，其作为自利的“经济人”不会为满足大股东的需要而去无条件地牺牲自己的利益。

3.4.1.3 声誉理论

Fama（1980）率先将声誉的概念引入对经理激励问题的研究中，认为经理的个人声誉是除公司提供的激励外另一个有效的激励机制，经理会出于维护其在外部市场上的声誉为目的而去努力工作。Kreps and Wilson（1982）通过构建不完全重复博弈模型来研究声誉对博弈参与方的影响。其研究认为，各方在进行重复博弈的过程中，其目标均为长期利益最大化，因为某一方为追求短期利益而去损害其他博弈方利益的行为将使其迅速退出博弈。因此，为保证自身的声誉和追求长期合作，各方参与者都会约束自身的谋取短期利益的机会主义行为。此时，声誉就是一种有效的激励机制。在管理学领域中，声誉则被定义为精神激励的范畴。企业家执掌企业的目的并不只是为获得物质激励，也会为实现其个人价值而去努力。富有才华努力工作的经理人往往会受到市场的追捧，这份身为经理的荣誉感也会给经理带来很大的满足感。

基于以上分析可以认为，无论是从激励角度还是自身荣誉感和使命感的角度进行分析都可以发现，经理并不是完全依靠谋取物质激励而去实现个人收益最大化的。在很多情况下，声誉相比于物质手段是一种更为有效的激励机制。一方面，从激励的角度来说，经理一旦发生违规行为而受到外部监管者的处罚，其声誉必然会受到损失。而公司为保证集体声誉不受损害，将寻找另一位经理来对现任经理进行替代。此时，离任经理将承受声誉受损所带来的严重后果，因为伴随着声誉受损的是其人力资本价值的贬值，离任经理将难以找到另外一家公司来施展其管理才能，这也就意味着其职业生涯的终止，这对经理来说一定是弊大于利的。因此，在权衡利弊时，经理将从长远利益出发而去努力工作，而不是一味地谋取私利来损害委托人的利益。另一方面，经理个人价值最大化不仅包括货币薪酬、股权收益等显性收益的最大化，也包括非货币收益最大化。作为有自我追求的经理，不再只是单纯的各方利益“侵蚀者”，而会在经理岗位上有所作为，在努力提升公司价值的同时为公司的各方利益服务。

3.4.1.4　合谋理论

经济组织中的合谋理论首先由Tirole于1992年提出，并在吸收了Laffont and Martimort等的研究后形成了一套完整的理论。合谋是指两个或两个以上的经济主体相互勾结，以损害第三方利益为代价来实现个人利益最大化角度的一种非正当行为。合谋行为大量存在于经济活动中，特别是在公司治理中，有很多证据发现董事会或大股东与经理存在合谋。因此，合谋现象不容忽视。合谋理论采用了博弈模型作为研究工具，将三方博弈参与者纳入博弈模型中进行分析发现，博弈参与者中的两方可能会相互勾结而去损害其他另一参与方的利益。肖艳（2004）对上市公司中大股东与高管合谋的问题进行了研究。其研究指出，合谋在本质上属于一种寻租行为，这种行为不为社会创造新的价值，仅仅是对现有财富的再分配。因此，合谋行为必然会以牺牲一方代价的方式来实现合谋方的利益最大化。

在现代公司治理中，由于所有权和经营权的分离以及内部人和外部人间的信息不对称问题广泛存在，公司大股东与经理进行合谋的情况最为常见，但现有研究对合谋过程中大股东与经理所处的地位有所误解，普遍将大股东视为合谋中的强势一方而经理只能被动参与，这种做法实际上并不满足合谋生成需要的条件。一方面，由以上对合谋行为的定义可以发现，合谋并非一种强制性的活动，合谋双方都会从个人利益最大化的角度来决定是否进行合谋。大股东希望能在与经理合谋的过程中更为便利地实施掏空，而经理也希望能够从合谋中获得除薪酬外的经济收益。因此，经理并不是被动的合谋参与者，而是会与大股东在合谋中进行讨价还价来实现个人利益最大化。另一方面，合谋能否生成还取决于合谋双方利益的依存度（肖艳，2004），将经理视为被动的合谋参与者的做法忽视了大股东利益对经理的依赖性。对仅拥有所有权而将经营权让渡给经理的大股东来说，需要经理来执行其所做的决策，仅凭大股东一己之力来掏空上市公司并不现实。此时，大股东就需要依靠经理的力量来实施掏空；同时，大股东也要许以一定的经济利益作为回报来拉拢经理。因此，大股东与经理双方在合谋中都要求获得私人收益。否则，合谋就无法实现。

3.4.2 博弈模型构建

本书在Burkart et al.（2003）和马德林（2011）构建的理论模型的基础上，通过建立博弈模型来分别分析不同类型的经理在大股东掏空时所采取的行为将如何影响大股东和中小股东的预期收益。Burkart et al.（2003）构建了一个家族企业创始人寻找高管来继承企业的博弈模型。在该模型中，认为创始人有三种选择：（1）出售公司全部股份，创始人放弃公司，这种情况下会形成分散的股权结构，公司将为经理所控制；（2）仅出售公司部分股份给外部投资者以保证创始人的控股地位，并聘请职业经理人管理公司；（3）将企业留给家族继承人，由家族其他成员继续出任经理。这一模型将大股东与小股东、大股东与经理间存在的委托代理问题置于同一理论框架下进行分析，适用于当前公司治理中两种矛盾并存的局面。

我们在Burkart et al.（2003）所构建模型的基础上，结合中国公司的实际情况对模型进行了如下修正。

（1）未考虑大股东完全出售公司股份的情形。在中国的上市公司中，有相当一部分公司为国有企业，为保证国有资产的完整性，国家不允许大股东将公司的股份全部出售；在民营企业中这一情况也较少见，因为中国的民营企业设立时间通常较短，大股东多数未到退休年龄，也不会将公司完全出售。

（2）考虑了国有企业行政委派经理这一情形。在国有企业中，经理特别是总经理通常都是由上级政府部门或国有大股东委派，而较少通过市场选聘途径产生。经理产生的这一方式也将对经理行为产生重要影响。因此，我们也将其纳入理论模型进行分析。

（3）修正了Burkart et al.（2003）所构建模型中对掏空收益定义的偏差。

在Burkart et al.（2003）的研究中将掏空收益定义为控制权私人收益，认为这一收益为大股东在与经理合谋进行掏空时的所得。但是，这一做法的潜在问题就是未能考虑控制权成本的补偿问题。因此，我们依据刘少波（2007）的研究，将控制权私人收益视为对大股东控制权成本的补偿，是大股东花费成本获得控制权后应得到的正常收益；而将掏空收益定义为超控制权收益，是大股东在与经理合谋侵害中小股东利益时所获得的超额收益。

（4）在进行理论模型构建时将在职消费划分为正常和非正常两种类型。Burkart et al.（2003）的研究中只笼统地考虑了经理谋取私人收益的行为，认为经理的这一行为都会给股东的利益带来损害。但是，由前文的分析可知，当经理谋取的私人收益在一个较为合理的范围内时，能够激励经理更加努力地工作进而有效提升公司价值，这对股东来说是有利的；当经理追逐的私人收益超过一定限度后，不仅会使经理产生懈怠心理，而且也会对股东的利益形成侵害。因此，我们在理论模型中区分了正常范围内的私人收益和过高的私人收益，也即正常和非正常的在职消费。正常在职消费被定义为：在经理为独立个体时，经理在经营过程中谋取的私人收益减去大股东对经理实施监督后从经理手中追回的一部分投资收益的剩余部分。非正常在职消费被定义为：经理与大股东在合谋掏空过程中按照其讨价还价能力与大股东分享的掏空收益。

（5）对经理和大股东讨价还价能力进行了修正。Burkart et al.（2003）的研究采用了纳什讨价还价模型，认为大股东和经理将平分掏空收益，忽略了大股东和经理的权力的区别对掏空收益分配的影响。潘泽清和张维（2004）虽然引入了θ作为讨价还价变量，但假定$\theta=1$，即大股东拥有完全的讨价还价能力，能够获得全部合谋收益，忽略了经理权力。我们对这一问题进行了修正，将大股东的讨价还价能力定义为θ，经理的讨价还价能力为$(1-\theta)$。由于大股东掌握了公司的控制权，可以认为大股东的讨价还价能力大于经理，即$\theta \geqslant (1-\theta)$。

基于以上分析，我们分别了讨论一体型、依附型和独立型经理对大股东掏空行为的影响，分析三种情况下大股东、经理和中小股东的预期收益将产生怎样的变化。同时，我们也讨论了不同类型经理的非正常在职消费水平有何差异。最后，分析了影响经理行为的因素。

3.4.2.1　模型基本假设

（1）当经理为依附型和独立型时，大股东将监督经理行为。但是，大股东对经理的监督并不是完全有效的，大股东的监督可以激励经理更加努力地工作，但无法完全阻止经理为自己谋取私利。

（2）大股东可以凭借手中掌握的控制权获取控制权私人收益，但必须依赖于经理的合谋才能实施掏空并获得超控制权收益。这一假设与Burkart et al.（2003）、彭小平和龚六堂（2011）的假设一致，因为Wang and Xiao（2011）的研究也表明大股东的掏空行为需要大股东与经理进行合谋才能得以展开。

（3）经理为依附型时将谋取更多的非正常在职消费，依附型经理的这种行为实际上就是对大股东在掏空时获得的超控制权收益的分享。这一假设也与彭小平和龚六堂（2011）的做法一致，因为经理为帮助大股东掏空也需要付出成本。因此，大股东通常会默许经理的非正常在职消费行为作为对经理所付出成本的补偿。而非正常在职消费会对公司的利益造成损害，这就说明大股东掏空成本的付出也是以损害公司利益为代价的，反映了掏空的本质。此时，大股东无法获得全部超控制权收益，而只能按一定比例与依附型经理分享，而经理可分享的部分即为非正常在职消费。

3.4.2.2　博弈参与者

博弈参与者包括大股东、经理与中小股东。这里将重点分析各博弈参与者的行为。

（1）大股东

大股东所持股份比例为$\alpha \in [0,1]$，出售给外部投资者的股份比例为$(1-\alpha)$。大股东为保证其控股地位，就必须持有较为集中的股权。因此，可得出：$\alpha \geqslant (1-\alpha)$。较为集中的持股比例使大股东更有能力和动力去监督经理的行为。当经理为依附型和独立型时，大股东选择监督水平$m\in[0,1]$并承担全部监督成本$(km^2/2)\cdot r(e)(k>0)$（Pagano and Röell，1998），其中的m也反映了大股东在监督过程中能够从经理所谋取的私人收益中追回的部分。大股东监督经理行为时可产生由全体股东共享的监督收益$m\phi r(e)$。

大股东的监督行为可以有效缓解股东与经理间的委托代理问题。但是，大股东在实施监督的过程中承担了全部监督成本却只按照持股比例收到部分补偿$\alpha m\phi r(e)$，因此，大股东必然会从其他渠道对剩余成本进行补偿，而这个“其他渠道”就是获得控制权私人收益。依据前文的定义，控制权私人收益是对控制权成本的补偿，是大股东监督经理行为使其更加努力工作所带来的公司价值增量Δr[①]，因此它是大股东能获得的正常收益。而Burkart et al.（2003）所定义的经理与大股东合谋产生的掏空收益在本书中被定义为超控制权收益。具体来讲，由于超控制权收益是“对公司存量财富的再分配”（刘少波，2007），其在理论模型中被定义为：当经理为一体型时，大股东对投资收益的直接转移；当经理为依附型时，大股东对本属于中小股东的那部分监督收益$(1-\alpha)m\phi r(e)$的侵占。此时，大股东将按照$\theta\in[0,1]$的比例与经理分配超控制权收益，θ和$(1-\theta)$分别反映的是大股东和经理的讨价还价能力。由于大股东谋取超控制权收益的行为是不为法律所允许的，因此，这一行为如果被外部监督者以概率P发现，大股东将承担罚没成本C_L。

（2）经理

经理是公司治理的重要参与者，在初始要素投入不变的情况下，其工作的努力程度决定了公司绩效$r(e)$。在接受了大股东的聘任或委派后，经理根据大股东的监督水平决定自身的努力水平e，并为此承担相应的努力成本

① 我们认为，监督收益和控制权私人收益同属于控制权收益的范畴。监督收益即控制权共享收益，是对大股东所承担的监督成本的部分补偿，依据Burkart et al.（2003）的定义为：由于大股东控制权的介入使经理可转移的利润减少，即“由于大股东实施监督而从经理手中追回的那部分收益”（马德林，2011）；控制权私人收益是对剩余控制权成本的补偿。由于我们在进行模型设定时仅考虑了监督成本，因此监督收益和控制权私人收益加总后能够对大股东监督成本构成补偿。

$be^2/2(b>0)$（张维迎，2004）。因此，参照张维迎（2004）和刘少波（2007）的定义，在模型中将公司绩效定义为：$r(e)=a_0+e+\varepsilon$。其中，a_0为初始要素投入；ε 为其他影响公司绩效的不可观测因素。经理在努力工作的过程中，可获得依据合同所规定的薪酬（包括固定工资ω_0和绩效工资$\omega r(e)$）作为回报；同时，当经理为独立型和依附型时，其在获得薪酬的同时也会为自己谋取私人收益，即对投资收益进行转移。而经理可以转移的投资收益的比率则由法律对股东的保护水平$\phi\in[0,1]$决定，ϕ越接近1意味着经理可以转移越多的收益，也即法律保护程度越差（Burkart et al., 2003；马德林，2011）；当$\phi=0$时说明投资者法律保护极为严格，经理除获得薪酬外不可能获得一点私利。当经理为依附型时，将与大股东形成合谋共同掏空上市公司，因此，作为对经理配合行为的回报，经理在合谋过程中可按照$(1-\theta)$的比例与大股东共享超控制权收益，即获得非正常在职消费。但是，由于这一行为也不为法律所容许，一旦被外部投资者发现，经理也要以P的概率承担罚没成本C_M和声誉损失R_M。

（3）中小股东

中小股东以$(1-\alpha)$的比例持有上市公司的股份，由于其持股较为分散，因此，其不掌握公司的控制权也就无法获得控制权收益，只能按照持股比例分享现金流权收益和大股东监督时所带来的监督收益。当经理为依附型时，由于发生了经理与大股东合谋掏空的行为，中小股东本可以获得的那部分监督共享收益也会被大股东和经理瓜分。一般来说，相比于经理和大股东，无论是在股权分散或是集中的公司中，中小股东由于持股比例分散且不掌握信息优势而处于弱势地位，很容易成为大股东、经理或二者共同侵害的对象，也是法律的重点保护对象。

3.4.2.3 博弈时序刻画

在确定了博弈参与者后，我们将对博弈时序进行刻画。博弈分为4个时期，如图3–2所示。

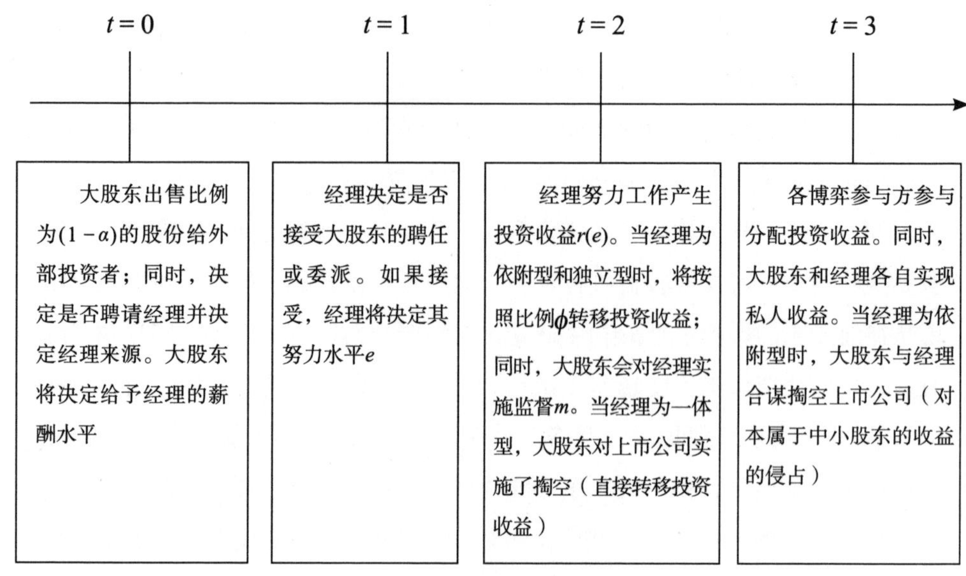

图3-2　博弈时序

$t=0$时期，大股东自己保留α比例的股份并出售$(1-\alpha)$比例的股份给外部投资者；同时，大股东聘任经理并决定经理来源。在设计契约时，大股东给予经理薪酬作为经理努力工作的报酬。

$t=1$时期，经理在充分考虑预期收益、可能接受的监督、可能获得的私人收益等因素后，将决定是否接受大股东的聘任或委派。如果接受，经理将决定其努力水平e。

$t=2$时期，经理努力工作产生投资收益$r(e)$。当经理为依附型和独立型时，将按照比例ϕ转移投资收益。因此，经理为自己谋取的私利为$\phi r(e)$；同时，大股东会对经理实施监督m，并产生监督收益和监督成本。当经理为一体型时不会为自身谋取私利，大股东无须监督经理的行为；同时，经理为一体型时，大股东在经理的配合下对上市公司实施了掏空，掏空行为就表现为对投资收益的直接转移。

$t=3$时期，将投资收益扣除了支付给经理的报酬、经理谋取的私利后得到投资净收益，并在大股东、中小股东和经理之间进行分配。同时，当经理为依附型与独立型时，大股东可获得控制权收益。如果大股东和经理发生合谋，大股东还可获得超控制权收益，经理也可获得非正常在职消费。

确定博弈时序后，采取逆向归纳法从$t=3$时期逐步反推到$t=0$时期求解博弈各方的收益状况和最优决策解。

3.4.3 博弈结果分析

3.4.3.1 博弈参与者及其收益

确定博弈时序后，采取逆向归纳法从$t=3$时期逐步反推到$t=0$时期求解博弈各方的收益状况和最优决策解。

（1）经理为一体型时的博弈分析

$t=3$阶段产生投资净收益，并在博弈参与者间进行分配。同时，由于在经理为一体型时，大股东的掏空行为发生，大股东还可获得超控制权收益。一体型经理可获得薪酬作为努力工作的回报。此时，大股东收益为V_L^F，中小股东收益为V_S^F，一体型经理收益为V_M^F。将$r_F(e)=a_0+e_F+\varepsilon$代入各方收益中取期望后可得各方的预期收益状况，如下所述。

大股东预期收益：

$$E(V_L^F)=\alpha\{(a_0+e_F)[(1-\phi-\omega(1-\phi)]-\omega_0\}+\phi(a_0+e_F)-PC_L \tag{3-1}$$

中小股东预期收益：

$$E(V_S^F)=(1-\alpha)\{(a_0+e_F)[(1-\phi-\omega(1-\phi)]-\omega_0\} \tag{3-2}$$

一体型经理预期收益：

$$E(V_M^F)=\omega_0+\omega(1-\phi)(a_0+e_F)-\frac{b}{2}e_F^2-PR_M-PC_M \tag{3-3}$$

大股东的预期收益包括三部分。第一部分为大股东按照持股比例α分享的投资净收益，投资净收益为投资总收益$r_F(e)$减去支付给经理的薪酬和超控制权收益[①]。第二部分为超控制权收益$\phi(a_0+e_F)$。由于大股东无须与经理分享

① 由前文对超控制权收益的定义可知，当经理为一体型时，大股东谋取超控制权收益的手段是直接对投资收益的转移。因此，在计算投资净收益时需要减去超控制权收益。

超控制权收益，这部分收益就表现为大股东对投资收益的直接转移。此时，大股东无须监督经理行为，因而也就不存在监督收益和监督成本，也不会带来公司价值的上升。因此，大股东不会获得控制权收益。第三部分为大股东进行掏空所承担的罚没成本PC_L。由于未产生监督收益，中小股东此时仅可获得现金流权收益。一体型经理未谋取私利，只获得固定工资ω_0和绩效工资$\omega(1-\phi)(a_0+e_F)$；同时，一体型经理要承担努力成本和以P的概率承担声誉损失和罚没成本。

$t=2$阶段，经理努力工作产生投资收益。经理为一体型时没有个人利益诉求，大股东无须监督经理行为。由于一体型经理会对掏空采取“放任”行为，因此大股东可在$t=2$阶段实施掏空。

$t=1$阶段，如果经理决定接受大股东的聘任，将决定最优努力水平e_F^*：

$$\frac{\partial E(V_M^F)}{\partial e_F}=\omega(1-\phi)-be_F=0 \tag{3-4}$$

$$e_F^*=\frac{\omega(1-\phi)}{b} \tag{3-5}$$

由式（3-5）可得，一体型经理的努力水平与绩效工资比例ω及法律保护程度ϕ呈正比，与努力成本系数b呈反比。

（2）经理为依附型时的博弈分析

$t=3$阶段产生投资净收益，并在博弈参与者间进行分配。大股东可同时获得控制权收益和超控制权收益。依附型经理可获得薪酬作为努力工作的回报；同时，依附型经理可获得正常在职消费并与大股东分享超控制权收益。此时，V_L^C为大股东收益；V_S^C为中小股东收益；V_M^C为依附型经理收益。将$r_C(e)=a_0+e_C+\varepsilon$代入各方收益中取期望后可得各方的预期收益状况（具体运算步骤见附录2），如下所述。

大股东预期收益：

$$\begin{aligned}E(V_L^C)=&\alpha\{(a_0+e_C)[1-\phi-\omega(1-\phi)]-\omega_0\}+\alpha m_C\phi(a_0+e_C)\\&+(e_C-e_F)+\theta(1-\alpha)m_C\phi(a_0+e_C)-\frac{1}{2}km_C^2(a_0+e_C)-PC_L\end{aligned} \tag{3-6}$$

中小股东预期收益：

$$E(V_S^C)=(1-\alpha)\{(a_0+e_C)[(1-\phi-\omega(1-\phi)]-\omega_0\} \tag{3-7}$$

依附型经理预期收益：

$$\begin{aligned}E(V_M^C)=&\omega_0+\omega(1-\phi)(a_0+e_C)+(1-\theta)(1-\alpha)m_C\phi(a_0+e_C)\\&+\phi(a_0+e_C)-m_C\phi(a_0+e_C)-\frac{b}{2}e_C^2-PR_M-PC_M\end{aligned} \tag{3-8}$$

大股东预期收益由五部分组成。第一部分为大股东按照持股比例享有的投资净收益，投资净收益为公司总收益$r_C(e)$减去支付给经理的报酬、经理转移的私人收益。大股东在第二阶段对经理实施了监督，因此可以按照其持股比例来获得监督收益$\alpha m_C\phi(a_0+e_C)$。由于大股东对经理实施了监督，进而促使经理更加努力地工作，使投资收益得到了提升，因此大股东可获得控制权私人收益(e_C-e_F)作为对剩余监督成本的补偿。在依附型经理与大股东合谋时，大股东侵占了本属于中小股东的那部分监督共享收益$(1-\alpha)m_C\phi(a_0+e_C)$，因此，大股东可按照比例$\theta$获得这部分超控制权收益；同时，大股东也需要承担监督成本和罚没成本。由于受到大股东和经理的侵害，中小股东只能按照持股比例获得现金流权收益。依附型经理可获得货币薪酬和绩效薪酬，也可在获得正常在职消费$(1-m_C)\phi(a_0+e_C)$的同时以$(1-\theta)$的比例分享的掏空收益。此时，经理分享的掏空收益的表现形式就是非正常在职消费，但经理同时也要付出努力成本并以P的概率承担声誉损失和罚没成本。

$t=2$时，为防止依附型经理的过度自利行为损害股东利益，因此大股东需要监督经理行为并确定最优监督水平m_C^*：

$$\frac{\partial E(V_L^C)}{\partial m_C}=\alpha\phi(a_0+e_C)+\theta(1-\alpha)\phi(a_0+e_C)-km_C(a_0+e_C)=0 \tag{3-9}$$

$$m_C^*=\frac{\alpha\cdot\phi}{k}+\frac{\theta(1-\alpha)\phi}{k} \tag{3-10}$$

从式（3-10）可以看出，大股东对经理的最优监督强度取决于大股东的持股比例、法律对股东的保护程度、大股东的讨价还价能力以及监督成本系数k。当大股东的持股比例越高时，越有能力和动机去监督经理的行为。当法律对股东的保护程度越弱，即ϕ越大时，大股东的监督强度越高，因为ϕ越大意味着经理可从上市公司转移更多的资源，从而使股东的利益受损，因此大股东需要提高监督强度来监督经理谋取私利的行为。当大股东的讨价还价能力越强时，说明大股东手中掌握了较大的控制权，将更有能力去控制经理的行为。当监督成本越高时，大股东的监督强度越低。

$t=1$时，依附型经理决定是否接受大股东的委任，如果接受，将决定其最优努力水平e_C^*：

$$\frac{\partial E(V_M^C)}{\partial e_C}=\omega(1-\phi)+\phi-m_C^*\phi[1-(1-\theta)(1-\alpha)]-be_C=0 \tag{3-11}$$

$$e_C^*=\frac{\omega(1-\phi)+\phi-m_C^*\phi[1-(1-\theta)(1-\alpha)]}{b} \tag{3-12}$$

从式（3-12）可以看出，依附型经理的最优努力水平与大股东的最优监督水平、大股东的讨价还价能力θ、大股东持股比例α及经理努力成本b呈反比，而与经理的绩效工资比率ω呈正比。当大股东对经理的监督水平m_C^*提高时，经理会更多受到来自大股东的约束，其自主权会下降进而导致其努力程度下降（李有根和赵西萍，2004）。同理，大股东的持股比例越高时，将有更高的积极性去监督经理的行为。当大股东的讨价还价能力越高时，将在掏空中分享更多的超控制权收益，进而导致经理努力工作的意愿将下降。大股东给予经理越高的绩效工资比率ω，即经理的薪酬与公司业绩挂钩时，经理会更加努力地工作来提高公司业绩，从而使个人的薪酬水平提高。当经理努力工作时需要付出更多的成本，即b越大时，经理的努力程度会下降。

（3）经理为独立型时的博弈分析

$t=3$产生投资净收益，并在博弈参与方之间进行分配。此时，掏空行为没有发生，大股东仅可获得控制权私人收益而无超控制权收益。独立型经理可获得薪酬作为努力工作的回报，并且还可获得正常在职消费作为私人收益。此时，V_L^{NC}为大股东收益；V_S^{NC}为中小股东收益；V_M^{NC}为一体型经理收益。将$r_{NC}(e)=a_0+e_{NC}+\varepsilon$代入各方收益中取期望后可得各方的预期收益状况（具体运算步骤见附录3），如下所述。

大股东预期收益：

$$E(V_{L}^{NC})=\alpha\{(a_0+e_{NC})[1-\phi-\omega(1-\phi)]-\omega_0\}+\alpha m_{NC}\phi(a_0+e_{NC}) \\ +(e_{NC}-e_F)-\frac{1}{2}km_{NC}^2(a_0+e_{NC}) \quad (3-13)$$

中小股东预期收益：

$$E(V_{S}^{NC})=(1-\alpha)\{(a_0+e_{NC})[1-\phi-\omega(1-\phi)]-\omega_0\}+(1-\alpha)m_{NC}\phi(a_0+e_{NC}) \quad (3-14)$$

独立型经理预期收益：

$$E(V_{M}^{NC})=\omega_0+\omega(1-\phi)(a_0+e_{NC})+\phi(a_0+e_{NC})-m_{NC}\phi(a_0+e_{NC})-\frac{b}{2}e_{NC}^2 \quad (3-15)$$

大股东收益由三部分组成。第一部分为大股东按照持股比例所得的投资净收益，投资净收益为公司总收益减去支付给经理的报酬、经理转移的私人收益。大股东在第二阶段对经理实施了监督，可按照其持股比例获得监督收益$\alpha m_{NC}\phi(a_0+e_{NC})$。同时，大股东监督独立型经理的行为将带来投资收益的上升，大股东也可获得控制权私人收益$(e_{NC}-e_F)$，但也要承担监督成本。此时，在没有经理的配合下，大股东无法实施掏空，大股东无法获得超控制权收益；同时，大股东也无须承担罚没成本。此时，中小股东不但可以获得现金流权收益，还可按照持股比例与大股东共享监督收益，这部分收益就体现了中小股东在搭便车过程中可获得的收益。独立型经理可获得货币薪酬和绩效薪酬，也可获得正常在职消费$(1-m_{NC})(a+e_{NC})$，并承担努力成本。

$t=2$时，为防止独立型经理在职消费的程度超过正常水平进而损害股东利益，大股东将对经理实施监督并决定最优监督水平m_{NC}^*：

$$\frac{\partial E(V_{L}^{NC})}{\partial m_{NC}}=\alpha\phi(a_0+e_{NC})-km_{NC}(a_0+e_{NC})=0 \quad (3-16)$$

$$m_{NC}^*=\frac{\alpha\cdot\phi}{k} \quad (3-17)$$

从式（3-17）可以看出，大股东对经理的最优监督强度与大股东的持股比例呈正向变动关系，与法律对股东的保护程度以及监督成本系数k呈反向变动关系。

通过比较经理为依附型和独立型时大股东的最优监督水平可发现：

$$m_C^* - m_{NC}^* = \frac{\theta(1-\alpha)\phi}{k} \geqslant 0 \tag{3-18}$$

因此，由式（3−18）可知，$m_C^* \geqslant m_{NC}^*$。在经理为依附型时，大股东的最优监督强度包括两部分：第一部分即为大股东防范经理谋取私利的监督；第二部分是“寻租性监督”，即大股东为使经理配合控股股东的“掏空”需要给经理层让渡的租金（Burkart et al.，2003）。

$t=1$时，独立型经理将决定是否接受大股东聘任。如果接受聘任，将决定最优努力水平e_{NC}^*：

$$\frac{\partial E(V_M^{NC})}{\partial e_{NC}} = \omega(1-\phi) + \phi - m_{NC}\phi - be_{NC} = 0 \tag{3-19}$$

$$e_{NC}^* = \frac{\omega(1-\phi) + \phi - m_{NC}^*\phi}{b} \tag{3-20}$$

从式（3−20）可以看出，经理为独立型时，经理的最优努力水平与大股东的最优监督水平和经理的努力成本系数呈反向变动关系，与经理的绩效工资比率呈正向变动关系。

3.4.3.2 经理类型与公司价值分析

通过比较经理为不同类型时各自努力程度的大小关系可得经理类型不同时公司价值有何差异（具体证明过程见附录4）。

$$\Delta e_1 = e_C^* - e_F^* = \frac{\phi(1-m_C^*)[1-(1-\theta)(1-\alpha)]}{b} \tag{3-21}$$

$$\Delta e_2 = e_{NC}^* - e_C^* = \frac{(1-\alpha)\phi^2[\theta^2-(1-\theta)^2\alpha]}{bk} \tag{3-22}$$

分析Δe_1可知，$\Delta e_1 = e_C^* - e_F^* \geqslant 0$，所以，$e_C^* \geqslant e_F^*$，即依附型经理的努力程度高于一体型经理，说明大股东实施监督能够提高经理的努力程度（刘少波，2007）。分析Δe_2可知，因为大股东掌握了公司的控股权，因此，大股东的控制权一般来说要高于不掌握股权或掌握很少一部分股权的经理，即大股东可以通过“股权控制链”牢牢地控制和监督经理；同时，大股东还可以通过“社会资本控制链”对经理形成控制，如安排亲信或“熟人”进入董事会

（高闯和郭斌，2012）。因此，大股东的权力要高于经理，即$\theta \geqslant (1-\theta)$。所以可得：$e_{NC}^{*} \geqslant e_{C}^{*}$，即相比于依附型经理，独立型经理的努力程度更高。造成这一结果的原因主要可归结为：第一，经理为独立型时，在抵制大股东掏空的过程中需要付出更多的努力来保证公司业绩不会下降，才能获得中小股东和利益相关者的支持；第二，在依附型经理与大股东合谋共同侵害中小股东的利益时，二者需要就如何分配掏空收益$(1-\alpha)m_C\phi r_C$进行讨价还价。这在一定程度上也会分散依附型经理的精力使其无暇顾及公司经营状况，导致其努力程度下降。

由$r(e)=a_0+e+\varepsilon$可知，当初始要素投入不变时，经理努力程度的上升能提升公司价值。因此，由$e_{NC}^{*} \geqslant e_{C}^{*} \geqslant e_{F}^{*}$可得$r_{NC}^{*} \geqslant r_{C}^{*} \geqslant r_{F}^{*}$。这一结果印证了潘泽清和张维（2004）的观点。由以上结果可得：经理为一体型时公司价值最低，而经理为独立型时公司价值最高。因此，公司价值与经理独立性呈正相关关系。

3.4.3.3 经理类型与掏空程度分析[①]（具体证明过程见附录5）

首先，我们比较经理为独立型和依附型时中小股东的预期收益。

$$E(V_S^{NC})-E(V_S^{C})=(1-\alpha)[(1-\phi)(1-\omega)(e_{NC}-e_C)+m_{NC}\phi(a_0+e_{NC})] \geqslant 0 \quad (3-23)$$

$$E(V_S^{NC}) \geqslant E(V_S^{C}) \quad (3-24)$$

由式（3–24）可得，相比于独立型经理，依附型经理与大股东合谋会使中小股东的预期收益下降。一方面，经理与大股东合谋侵占了本属于中小股东的那部分监督共享收益$(1-\alpha)m_C\phi(a_0+e_C)$；另一方面，由式（3–21）可得，合谋使依附型经理的努力水平下降，进而导致中小股东可参与分配的投资收益减少。

其次，比较经理为一体型和依附型时中小股东的预期收益。

---

① 大股东掏空的直接后果就是对中小股东的收益产生影响。当掏空越严重时，中小股东的收益越低；反之，中小股东的收益越高。因此，我们通过比较不同经理类型下的中小股东预期收益来分析经理类型对掏空的影响。

$$E(V_S^C)-E(V_S^F)=(1-\alpha)[(1-\phi)(1-\omega)(e_C-e_F)]\geqslant 0 \qquad (3-25)$$

$$E(V_S^C)\geqslant E(V_S^F) \qquad (3-26)$$

由式（3-26）可得，当经理为一体型时，中小股东的预期收益小于经理为依附型时的情况。大股东无需对一体型经理实施监督，因此，一体型经理的努力水平较低，进而导致公司价值的下降，使中小股东可获得的现金流权收益减少。

结合式（3-24）和式（3-26）的结果可得：$E(V_S^{NC})\geqslant E(V_S^C)\geqslant E(V_S^F)$，即中小股东的预期收益在经理为独立型时最高，在经理为一体型时最低，即中小股东预期收益与经理独立性呈正相关关系，而中小股东预期收益与大股东掏空程度呈反向变动关系，因此大股东掏空程度与经理独立性负相关。

3.4.3.4 经理类型与非正常在职消费分析

首先，通过比较式（3-8）和式（3-15）可知，依附型经理不仅可以获得正常在职消费，还可以获得作为合谋收益的非正常在职消费$(1-\theta)(1-\alpha)m_C\phi(a_0+e_C)$；而独立型经理由于未与大股东合谋，其可获得的收益也就不包括非正常在职消费。因此，依附型经理的非正常在职消费水平高于独立型经理。

其次，虽然一体型经理的收益中未包括非正常在职消费，但根据卢锐等（2008）的观点，当一体型经理与大股东的身份重合时，提高自身非正常在职消费水平就成为大股东侵害中小股东利益的另一种手段。由于缺乏监督，兼顾经理身份的大股东能够为自己谋取更高的在职消费，与掏空行为一道最大化自身的利益。因此，在一体型经理所在的上市公司中，非正常在职消费水平最高。由此可得：经理非正常在职消费程度与经理独立性呈负相关关系。

3.4.3.5 非正常在职消费与大股东掏空的相关关系分析

由式（3-8）可知，经理的非正常在职消费水平为$(1-\theta)(1-\alpha)m_C\phi(a_0+e_C)$，这也就意味着经理能获得多少非正常的在职消费除了取决于自身的讨价还价能力$(1-\theta)$外，还取决于超控制权收益$(1-\alpha)m_C\phi(a_0+e_C)$的大小。因此，当经理有谋取非正常在职消费的动机时，在经理和大股东讨价还价能力一定的情况下，经理在大股东的默许下可谋取的非正常在职消费的水平越高，这就意味着大股东在掏空中可获得的超控制权收益越高。由以上分析可得：经理非正常在职消费程度与大股东的掏空程度呈正相关关系。

3.4.3.6 影响经理行为的因素分析

比较经理为独立型和依附型时的预期收益：

$$\begin{aligned}\Delta E(V_{\mathrm{M}}) &= E(V_{\mathrm{M}}^{\mathrm{NC}}) - E(V_{\mathrm{M}}^{\mathrm{C}}) \\ &= \omega_0+\omega(1-\phi)(a_0+e_{\mathrm{NC}})+\phi(a_0+e_{\mathrm{NC}}) - m_{\mathrm{NC}}\phi(a_0+e_{\mathrm{NC}})-\frac{b}{2}e_{\mathrm{NC}}^2 \\ &\quad -\omega_0-\omega(1-\phi)(a_0+e_{\mathrm{C}})-\phi(a_0+e_{\mathrm{C}}) - (1-\theta)(1-a)m_{\mathrm{C}}\phi(a_0+e_{\mathrm{C}}) \\ &\quad + m_{\mathrm{C}}\phi(a_0+e_{\mathrm{C}})+\frac{b}{2}e_{\mathrm{C}}^2+PC_{\mathrm{M}}+PR_{\mathrm{M}}\end{aligned} \tag{3-27}$$

（1）经理激励薪酬力度与经理预期收益

将$\Delta E(V_{\mathrm{M}})$对ω求一阶导数可得：

$$\frac{\partial \Delta E(V_{\mathrm{M}})}{\partial \omega}=\frac{\phi^2(1-\alpha)(1-\phi)[\theta^2-(1-\theta)^2\alpha]}{bk}\geqslant 0 \tag{3-28}$$

由式（3-28）可知，当上市公司对经理实行激励薪酬时，经理不配合大股东的掏空行为时将获得更高的预期收益，即$\omega\uparrow$，$\Delta E(V_{\mathrm{M}})\uparrow$。一方面，大股东掏空上市公司会使公司业绩下滑，这就会给经理的绩效工资带来负面影响（刘善敏和林斌，2011）。因此，如果经理的薪酬体系中以业绩为基础的绩效薪酬为主要组成部分时，经理就会更加倾向于抵制大股东的掏空行为，降低其掏空程度。因此，对经理实施激励性薪酬能够对提高公司治理效率产生积极作用（Morck et al., 1988；Hermalin and Weisbach, 1991）[①]。另一方面，经理在与大股东合谋时努力程度会下降，也会造成公司绩效的下降，导致经理的绩效工资减少。

---

① Mork et al.（1988）;Hermalin and Weisbach（1991）研究证实，管理层持股的激励作用只在一定范围内有效，管理层的持股比例与公司业绩呈倒U型关系。由于我们只分析影响经理在抵制掏空或与大股东合谋时其收益受到哪些因素的影响，因此未考虑管理层薪酬激励的区间效应。

（2）法律监管力度与经理预期收益

将$\Delta E(V_M)$对P求一阶导数可得：

$$\frac{\partial \Delta E(V_M)}{\partial P}=C_M \geqslant 0 \tag{3-29}$$

由式（3−29）可知，当大股东与经理合谋侵害中小股东利益的行为被发现的概率越高时，经理将更倾向于抵制大股东的掏空行为而不是合谋。因为合谋会让经理承担额外的风险，即合谋行为被发现时将受到处罚，且处罚力度C_M越强时，合谋行为被发现时经理承担的成本越高。这一结论也从另一个角度印证了LLSV等的观点，即法律保护程度越高，对上市公司的信息披露和监管也就越严格，合谋掏空上市公司的行为被发现的概率也就越高。法律保护程度的提高会促使经理遵守职业道德和更好地保护中小股东的利益不受侵害。

（3）经理声誉与经理预期收益

将$\Delta E(V_M)$对R_M求一阶导数可得：

$$\frac{\partial \Delta E(V_M)}{\partial R_M}=P \geqslant 0 \tag{3-30}$$

由式（3−30）可判断，当经理与大股东合谋时，如果经理承担的声誉损失越高，越是倾向于抵制大股东的掏空行为。同时，Milbourn（2003）和刘红霞和李晨颖（2011）通过实证研究发现：经理的薪酬会受到经理声誉的影响。当经理声誉越高时，其薪酬水平也会越高。因此，考虑声誉损失可能带来的薪酬下降，经理也会选择抵制掏空而不是合谋。由此，经理人市场的完善和声誉机制的建立不仅能够约束经理层的过度自利行为，还可以促使经理积极监督大股东，减少大股东掏空行为的发生。

由以上分析可知，经理行为对大股东掏空和公司价值影响的传导机制（见图3−3）为：首先，公司内部和外部治理机制以及经理自身所拥有的权力将影响不同类型经理的行为；其次，经理在大股东掏空时采取何种行动将影响自身及大股东的收益；最后，大股东是否掏空及经理是否谋取非正常在职消费会对公司价值产生影响。

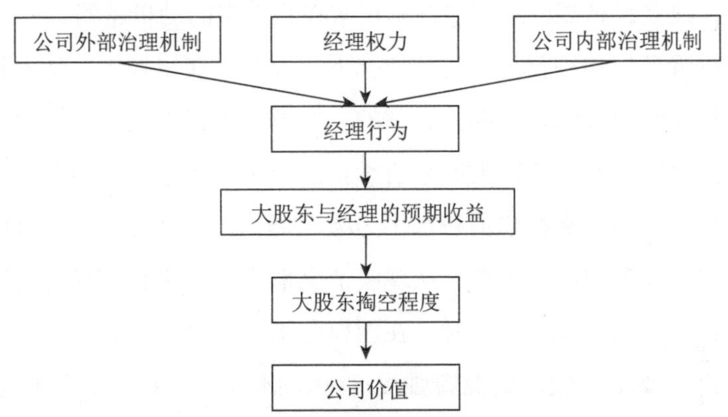

图3-3 经理行为影响大股东掏空行为和公司价值的传导机制

3.5 本章小结

本章首先对经理参与公司治理的逻辑进行分析，并结合中国的现实制度背景对经理类型进行界定和划分，分析不同类型经理具备哪些特征及利益诉求。同时，本章还以博弈论为工具，探究不同类型经理对大股东掏空程度的影响及其传导机制和对大股东掏空的经济后果的影响，得到了如下结论。

（1）经理在掏空过程中可发挥的作用不能简单地概括为与大股东合谋，不同类型经理在掏空时所扮演的角色并不相同。具体来说，独立性越高的经理越能有效抑制大股东的掏空行为。当经理为独立型时，即经理来源于外部市场时，将从维护自身声誉的角度出发积极抑制大股东的掏空行为。同时，由于独立性越高的经理在参与公司治理的过程中能显著降低大股东的掏空程度，所以，经理独立性越高也将对公司价值的提升产生积极作用。因此，加大聘任职业经理人的力度是完善公司治理机制、降低大股东与中小股东间代理问题的重要手段。

（2）不同类型的经理各自有不同的利益诉求。因此，在与大股东进行博弈的过程中，经理非正常在职消费水平也将因经理类型不同而产生差异。由理论分析的结果可知，经理非正常在职消费程度也与经理独立性呈负相关关系。因此，独立性越高的经理追逐非正常在职消费的动机越弱。

（3）在所有权和经营权分离的情况下，大股东获得控制权私人收益和经理获取正常在职消费的行为都是合理的。在模型中，大股东的控制权私人收益为公司价值增量Δr，是对大股东所承担的控制权成本的一种补偿，有其存在的合理性。经理正常在职消费水平为$(\phi \ -m)r(e)$，取决于法律对投资者的保护程度和大股东的监督水平。从现实情况来看，法律对投资者的保护不是完全的，要求$\phi = 0$不现实；同时，在两权分离的情况下，大股东一定会对经理实施监督，要求大股东的监督强度$m = 0$也不现实。因此，经理进行正常在职消费也是无法避免的。但是，大股东谋取超控制权收益和经理非正常在职消费的行为会严重损害到中小股东的利益，是不为法律所允许的。因此，需要通过加强法律保护程度、完善公司内部治理机制和提高经理独立性来逐步对大股东和经理的这两种非道德行为形成有效控制。

（4）大股东的超控制权收益和经理非正常在职消费是高度相关的，因为二者属于大股东和经理在合谋侵害中小股东利益过程中各自可获得的收益。大股东掏空和经理谋取非正常在职消费的动机是实现自身利益最大化。因此，大股东为获得更高的超控制权收益将默许经理谋取一定程度的非正常在职消费以作为回报，而经理也会为谋取更多的非正常在职消费而与大股东形成合谋进而提升大股东可获得的超控制权收益水平。但是，当经理要求的非正常在职消费程度超过大股东可获得的超控制权收益时，大股东将减少与经理进行合谋掏空的行为。

4　经理异质性对大股东掏空程度的影响

在上一章的研究中，本书将上市公司中的经理按照其独立性划分为三种类型，并分析了三种类型经理参与公司治理的逻辑及其对大股东掏空行为的影响，并通过建立博弈模型从理论层面对这一问题进行了分析。理论研究发现，大股东的掏空程度随着经理独立性的提高会有所下降，经理独立性可以作为抑制掏空行为的一种有效的公司治理机制。本章将在上一章理论分析的基础上，通过选取2010—2012年沪深A股非金融类上市公司为研究样本，考察不同类型经理将对大股东的掏空行为将产生怎样的影响，并验证经理独立性的提高是否能够有效抑制掏空。

4.1　研究假设与实证模型

本章的主要目的即为检验经理异质性对大股东掏空程度的影响，因此，本节将结合上一章中理论分析所得结论及已有的文献对这一问题进行研究假设并设立实证模型进行检验。

依据对现有相关文献的分析可知，当经理独立性不同时，经理与大股东间的关联度及亲疏度都有不同。因此，上市公司所面临的代理问题也有差异。当经理为一体型时，家族上市公司中经理与大股东间的代理问题已得到有效解决，大股东能够有效监督及控制经理的行为。但是，相对的，由于大股东掌握了企业的绝对控股权，有强烈的动机去剥削中小股东的利益（Fan and Wong, 2002；Ali et al., 2007）；同时，由于家族大股东实际掌握了公司的经营决策权，较为熟悉公司的实际运作状况（Anderson and Reeb, 2003；

Wang, 2006），也有很强的能力实施掏空。由此可以认为，当经理为一体型时，大股东与中小股东间的委托代理问题占据主要地位，大股东有最强的能力和动机去实施掏空。

当经理为依附型时，经理由大股东委派。此时，经理能否在未来获得政治晋升都取决于大股东的决定，经理对大股东有较强的依附性。但是，依附型经理对大股东的依附并不意味着会对大股东的决定言听计从，因为依附型经理自身所掌握的权力使其有能力与大股东进行讨价还价。依据李维安等（2010）的分析，国有企业中的经理权力是伴随着政府对国有企业的放权让利而形成的，国企经理在这一过程中逐步掌握了掌控财务、生产资料、员工聘任等的权力。在掌握权力后，一方面，依附型经理可为自己谋取私利，因此，经理与股东间的代理问题仍然存在；另一方面，由于大股东并不直接参与公司治理，因此，为实施掏空需要借助经理的力量才能完成。此时，大股东需要付出较高的成本来拉拢经理形成合谋，这样一来便增加了大股东实施掏空的成本进而降低了大股东的掏空动机。因此，由大股东控制所衍生出的代理问题会有所缓和。基于以上分析，在第一类和第二类代理问题的共同作用下，经理会为谋求更高的私人收益与大股东形成合谋共同实施掏空，但也会利用手中权力与大股东展开谈判争取自身利益最大化，提升大股东的掏空成本，进而在一定程度上抑制掏空。

当经理为独立型时与大股东之间的利益关系较弱，独立型经理与大股东的利益并不一致，二者之间的利益冲突仍然存在。但是，相比于经理为依附型时，独立型经理出于维护个人声誉的考虑将不会追逐过高的私人收益。刘丽颖（2013）研究发现，对经理实施正向的声誉激励能够显著提高代理效率，经理会更加努力地工作来提升公司业绩。此时，独立型经理为谋求私人收益而损害股东利益的动机较弱。因此，经理与股东间的代理问题会有所缓和。同时，在没有经理支持的情况下，大股东实施掏空的难度将大大上升。鉴于掏空所付出成本可能会超过所得的收益，大股东侵害中小股东的动机也会有所收敛。因此，大股东与中小股东间的代理问题也会有所缓和。此时，大股东的掏空动机较经理为一体型和依附型时较弱。

依据上一章的理论分析，不同类型的经理在掏空过程中将采取不同的行为，即：一体型经理将无条件地配合大股东的掏空行为、依附型经理将与大股东形成有条件的合谋、独立型经理不会配合掏空行为，不同类型经理采取的差异化行为也会对掏空程度产生影响。同时，中小股东的预期收益在不同类型经理下按照从高到低的顺序排列为：$E(V_S^{NC}) \geqslant E(V_S^{C}) \geqslant E(V_S^{F})$，即中小股东的预期收益与经理独立性呈正相关关系，其预期收益在经理为独立型时最高，在经理为一体型时最低。由于大股东掏空的一个直接后果就是导致可供中小股东分配的投资收益减少，因此，从中小股东预期收益的高低可以判断大股东的掏空程度。由以上分析可得假设1。

假设1：大股东的掏空程度与经理独立性呈负相关关系。经理独立性越高，越能有效抑制大股东的掏空行为。

鉴于以往文献在研究掏空问题时仅保留了掏空程度大于0的样本，这可能会导致样本选择偏误的问题。因此，为验证假设1，本章对实证研究方法进行了改进，设定了如下Tobit模型来研究经理异质性与大股东掏空程度间的相关关系，在一定程度上控制了样本选择偏误问题。

$$\text{TUNNELING}_{it}\begin{cases} = \alpha_0 + \sum_{i=1}^{3}\alpha_i \text{RESOURCE}_{it} + X_{it}\lambda + Z_{it}\delta + W_{it}\gamma + \varepsilon_{it}, & \text{若右边}>0 \\ =0, & \text{若右边}\leqslant 0 \end{cases} \tag{4-1}$$

在式（4-1）中，TUNNELING_{it}为以大股东资金占用水平来衡量的大股东掏空程度；RESOURCE_{it}为虚拟变量，代表经理类型；X_{it}为公司层面控制变量；Z_{it}为公司治理变量；W_{it}为地区、年度和行业控制变量。由本书第2章中对掏空行为制衡机制相关文献的回顾可以发现，已有的研究普遍认为公司内外部治理机制中存在着多种因素影响着大股东掏空行为，并且这些因素共同对掏空行为产生作用。其中，公司内部治理机制能够发挥作用的前提是外部治理机制较为完善；同时，以法律制度为代表的外部治理机制也需要通过内部治理机制来发挥作用。在对外部治理机制与掏空行为相关关系的研究中，学者们普遍认为完善的法律保护机制（LLSV, 1999, 2000; Claessens et al., 1999）、独立公正的媒体监督（Dyck and Zingales, 2004; Miller, 2006）和外部审计（Francis and Wang, 2008；周中胜和陈汉文，2006）、激烈的产品市场竞争（Bai et al., 2004; Gao and Kling, 2008）、设计合理的税收制度（王亮亮，2008）及融资融券制度的引入（侯青川等，2017）都能够有效抑制大股东的掏空行为。但是，学者们对内部治理机制的有效性产生了较大分歧。究其原因，主要是由于内部治理机制会更多地受到自身异质性（如机构投资者异质性）和公司特质的影响。在已有的研究中，学者们大多将董事会特征（包括董事会规模和独立性）、股权集中度、股权制衡度、机构投资者持股比例与境外股东持股比例等内部治理机制变量纳入讨论范畴，研究其对掏空行为的影响（叶康涛等，2007；Morck et al., 1988；Bennedsena and Wolfenzon, 2000；王琨和肖星，2005；Jeon et al., 2010）。因此，借鉴已有的研究，本章将公司内外部治理变量纳入回归模型中作为控制变量，以控制其对掏空行为可能产生的影响。

4.2 实证研究设计

4.2.1 样本选择与数据来源

我们选取2010—2012年所有非金融类A股上市公司作为实证研究对象；同时，对样本进行了筛选，以剔除不满足条件的样本。

4.2.1.1 大股东持股比例低于20%的上市公司

依据第1章中对大股东的定义，持股比例在20%以上的股东才能被称为大股东，才能掌握公司的控制权。而只有掌握了公司控制权的大股东才能利用控制权为自己谋取超额收益，才有能力和动力去掏空上市公司。因此，我们在进行实证研究前，首先剔除了大股东持股比例低于20%的样本，集中研究大股东相对控股和绝对控股情况下的掏空行为。

4.2.1.2 当年经营发生亏损的公司

我们对样本期当年所有者权益为负及净利润为负的公司进行了剔除，在避免异常值对回归结果产生影响的同时，重点研究公司在经营情况正常时是否会受到大股东的掏空。

4.2.1.3 未披露总经理简历的公司

由于本书在对总经理类型进行判断时主要依据公司年报中披露的经理简历信息。因此，在多方查找总经理背景无果后，我们将这一样本进行剔除处理。进行样本选择后，最终共5005个样本组成面板数据。本书所使用的公司治理数据来源于国泰安CSMAR数据库中的《中国上市公司股东研究数据库》及《中国上市公司治理结构研究数据库》；基金持股数据与上市公司财务数据来源于同花顺iFind数据库；对经理类型的判断主要依据上市公司年报中对总经理个人简历的披露，在数据搜集过程中逐份查阅上市公司2010—2012年的年报并手工记录经理所属类型；境外股东持股数据主要根据国泰安CSMAR数据库中公布的上市公司前十大股东文件来进行判断，逐一对各上市公司中的前十大股东身份进行识别，在判断股东来源于境外时手工记录其持股比例，最后进行加总后得到各上市公司境外股东持股比例之和；地区市场化进程指数来源于樊纲等（2011）编制的《中国市场化指数：各地区市场化相对进程2011年报告》。在进行回归分析前，本章也对主要连续型变量在1%的水平上进行了缩尾（Winsorize）处理，以消除极端值对回归结果的影响。

4.2.2 变量选取

本章重点研究经理为不同类型时大股东掏空程度有何差异。因此，本章中的因变量为大股东资金占用程度，自变量为经理类型，其他变量为可能影响大股东掏空程度的控制变量。

4.2.2.1 大股东资金占用（TUNNELING）

由于大股东资金占用已成为中国上市公司中较为普遍的现象（刘善敏和

林斌，2011），因此，学界多以大股东资金占用程度作为衡量大股东掏空的代理变量，来分析各类公司治理机制与大股东掏空的相关关系。在现有的研究中，主要有以下几种计算大股东资金占用程度的方法。

首先，以资金占用的存量规模作为衡量掏空的指标。李增泉等（2004）将资金占用按照其用途划分为经营性和非经营性资金占用，经营性资金占用为大股东与关联方在正常产品购销过程中形成，主要反映在资产负债表中的应收账款、预付账款、应付账款和预收账款等会计科目上；非经营性资金占用为大股东与关联方在非生产经营过程中形成的资金占用，主要反映在其他应收款和其他应付款两个会计科目上。大股东的资金净占用额为大股东占用上市公司资金额减去上市公司占用大股东资金额。这一方法被学者广泛应用于计算大股东资金占用程度。

其次，以资金占用额的年度增量来作为衡量掏空程度的指标。叶康涛等（2007）的研究中采用其他应收款的年度增量来衡量掏空。这一计算方法将每一年度按照惯常都会发生的其他应收款占用额进行了剔除，仅关注每年新增的资金占款；同时，将经营性资金占用剔除出掏空指标的计算，主要是由于很难判断占用的这一部分资金中有哪些属于大股东对上市公司的掏空。因此，采用这一方法获得的衡量掏空的指标将“更为干净”。我们采用叶康涛等（2007）的方法，采用其他应收款的年度增量作为衡量掏空的指标，并除以公司总资产来控制规模的影响。同时，为控制掏空行为发生的连续性对实证结果的影响，本书也引入了公司前一期是否发生掏空行为（PREFA）这一虚拟控制变量。当其他应收款的年度增量为正值时，说明前一期发生了掏空行为。因此，虚拟变量取值为1，否则为0。

4.2.2.2 经理类型（RESOURCE）

经理类型变量为虚拟变量，当经理为一体型时取值为1，独立型时取值为2，依附型时取值为3。在进行实证回归时，以一体型经理为基准。我们对经理类型进行判断的主要依据就是公司年报中披露的总经理个人简历。

（1）当总经理职位由大股东本人、家族成员及一致行动人来担任时，我们将其定义为一体型经理。以海印股份（000861.sz）为例，按照持股比例来计算，公司大股东为邵建明，总经理为邵建聪。虽然大股东与总经理并非同一人，但二人为亲兄弟，可以认为二者同属公司的实际控制人（见图4-1）。

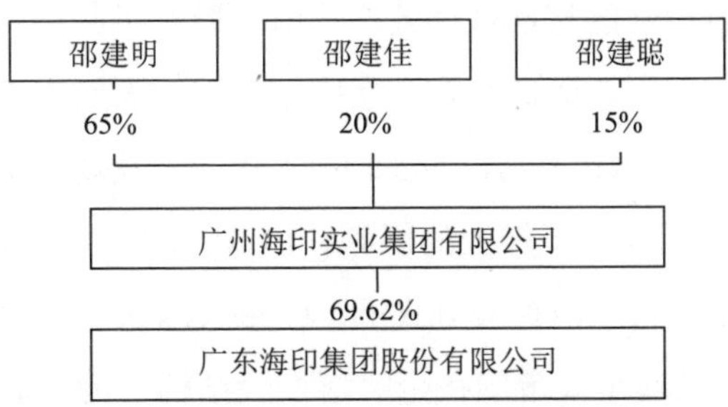

图4-1 一体型经理所在上市公司控股结构图

（2）当总经理职位由大股东委派的人员担任时，我们将其定义为依附型经理。一般情况下，如果存在以下几种情形，我们将其归类为依附型经理：在国有企业担任总经理的同时担任党委成员、有政府任职的背景、同时在控股股东单位任职。以东方航空（600115.sh）为例，总经理马须伦任副董事长、总经理、党委副书记及东航集团党组书记。马须伦曾任中国物资储运总公司副总经理，中国民航总局财务司副司长，中国国际航空公司副总裁。2008年12月起任东方航空总经理、党委副书记，东航集团党组副书记①。因此，这一类型的总经理可以判定为由作为实际控制人的政府部门委派的总经理。

（3）当总经理职位由职业经理人担任时，我们将其定义为独立型经理。以万科A（000002.sz）总经理郁亮为例。郁亮于1990年加入万科企业股份有限公司，1993年任深圳市万科财务顾问有限公司总经理，1994年任万科企业股份有限公司董事，2001年起任总经理职务②。郁亮作为中国地产界最成功的职业经理人之一，在本书中被划归为独立型经理。

① 资料来源：东方航空（600115.sh）2012年度报告。

② 资料来源：万科A（000002.sz）2012年度报告。

4.2.2.3 公司治理变量Z_{it}

（1）金字塔控股结构（PYRAMID）：虚拟变量，当公司的终极控制人采用金字塔结构控股时取值为1，直接控股时取值为0。在金字塔控股结构下，大股东持股可产生很强的权益杠杆效应，即大股东不必持有较高比例的股份也可获得较高的控制权。因此，在金字塔结构下，大股东的现金流权和控制权会出现较大的分离。Grossman and Hart（1988）发现，金字塔控股结构为大股东掏空上市公司提供了极大的便利；LLSV（1999）研究指出，大股东的侵害行为多发生于金字塔控股方式下；Claessens et al.（2000）、Morck and Yeung（2004）也发现了大量的在金字塔控股结构下的大股东掏空行为。刘启亮等（2008）对“格林柯尔系”的案例进行研究，发现金字塔控股结构使大股东的掏空行为变得更加隐蔽，为掏空行为的实施提供了更为便利的条件。因此，在实证研究中，我们将金字塔控股结构变量引入实证模型来控制这一因素对大股东掏空程度的影响。

依据现有文献对金字塔结构的定义，我们将上市公司与终极控股股东间的控制层次数≥2的结构视为金字塔控股结构。以深深宝A（000019.sz）为例（见图4-2），终极控制人通过控股4家公司最终控制了上市公司，即控制层次数为4。因此，其满足金字塔结构的标准。

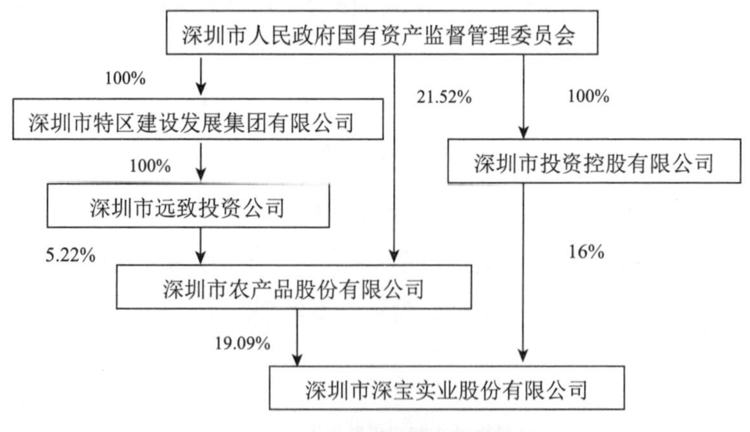

图4-2 金字塔控股结构图

（2）两权分离度（CV）。借鉴Faccio et al.（2001）的做法，我们以大股东现金流权与控制权的比值作为衡量两权分离度的指标，这一指标的数值越接近1说明现金流权与控制权越接近，即两权分离度越低。其中，控制权的计算方法为比较各控制链条上的持股比例后取最小值，现金流权的计算方法为每一个控制链条上持股比例的乘积。

（3）外资股东持股比例（FOREIGN）。一些研究认为，外资股东是“现金追逐者”，因此，外资持股会促使上市公司增加现金股利的发放。而股利代理理论认为，进行股利分配是缓解代理问题的有效手段（Jensen and Meckling, 1976；Kalcheva and Lins, 2007；肖作平和苏忠秦，2012）。周县华等（2012）对中国上市公司的研究也发现，外资股东促使上市公司发放现金股利能够有效缓解缺乏投资机会的上市公司中的代理问题。因此，外资持股可能是约束大股东掏空行为的一种重要公司治理机制。借鉴杨竹清（2012）的做法，我们将外资股东定义为前十大股东中持有B股、H股的股东、境外自然人、QFII及境外注册企业，外资股东持股比例的计算方法为这五类外资股东的持股之比加总。

（4）第一大股东持股比例（LSHARE）。这一指标反映了公司的股权集中度。一些学者认为，大股东的掏空程度随着股权集中度的提高而上升，Shleifer and Vishny（1997）、LLSV（2000）和Filatotchev and Mickiewicz（2001）认为，当股权集中度达到一定程度之后，大股东几乎能够完全控制整个公司，并可以利用手中掌握的控制权谋取私利和侵害中小股东的利益。但是，也有一些学者指出股权集中度与大股东掏空程度并非呈线性关系，大股东在不同的股权集中度下会有不同的行为选择，由此会形成“壕沟防御效应”和“利益协同效应”（Morck et al., 1988）。因此，股权集中度与掏空程度应呈倒U型的相关关系，我们同时引入第一大股东持股比例取平方项为控制变量来证明这一关系。

（5）股权制衡度（SINDEX）：上市公司披露的前十大股东中，第二大股东至第十大股东持股比例之和，这一指标反映了公司的股权制衡度。Pagano and Röell（1998）、LLSV（1999）、Gomes and Novaes（1999）及Bennedsen and Wolfenzon（2000）论证了多个大股东存在时对大股东形成的监督效应，有利于抑制大股东的侵害行为。因此，伴随着股权制衡度提高，大股东的掏空程度应呈逐渐下降的趋势。

（6）外部审计（AUDIT）：虚拟变量，当外部审计师出具了标准无保留意见时取值为1，否则为0。王鹏和周黎安（2006）、周中胜和陈汉文（2006）和刘成立（2010）对中国上市公司的外部审计进行研究发现，外部审计能够对大股东的资金占用行为出具非标准的审计意见，因此，能够约束大股东的掏空行为。

（7）基金持股（FUND）：上市公司前十大股东中基金持股比例之和。证券投资基金在中国机构投资者群体中占据主体地位，其在上市公司中的持股比例较其他类型机构投资者较高，可以成为全体机构投资者的代表。同时，姚颐和刘志远（2009）、吴先聪（2012）的研究认为，证券投资基金与所持股公司不存在潜在的业务往来，且能够积极参与公司治理。因此，我们可以认为，证券投资基金持股上市公司时，将积极监督大股东的行为并抑制掏空。

（8）董事会独立性（DIRECT）。叶康涛等（2009）在研究董事会独立性与掏空相关性时发现，大股东占用上市公司资金的程度与董事会独立性呈反向变动关系，由此证明独立董事能够对掏空起到有效的监督抑制作用。因此，我们借鉴叶康涛等（2009）的做法，将董事会独立性指标设置为虚拟变量，当董事会中独立董事人数超过2人时取值为1，否则为0。

4.2.2.4 其他公司层面控制变量X_{it}

（1）公司规模（SCALE）：对公司年末资产总额取自然对数。

（2）资产负债率（LEV）：年末负债总额除以资产总额。雒敏（2011）研究发现，债务融资中的银行债务和短期借款能够对大股东的掏空行为产生一定的抑制作用，且这一作用在大股东性质为非国有时更为显著。

（3）公司成长性（MB）：公司股票的市值账面比，这一指标越大时说明公司拥有越好的成长前景。谢军（2006）指出，公司的成长性与股利分配水平显著负相关，当上市公司拥有较好的成长前景时，大股东将减少股利发放水平。而依据股利的掏空理论，大股东将股利分配视为掏空上市公司的工具。因此，股利分配水平的下降也将有效抑制掏空行为（Lee and Xiao, 2004）；叶康涛等（2009）的研究也发现，公司成长性越高越有利于抑制掏空。

（4）公司财务状况（FD）：公司期末现金流量债务比，这一指标越大说明公司所持现金流量越高、债务越少，公司陷入财务危机的可能性越低。

4.2.2.5 地区、年度和行业控制变量W_{it}

（1）地区市场化进程（MARKET）。市场化进程指标在一定程度上能够反映一个地区的法制化建设水平（王俊秋和张奇峰，2007）。我们采用樊纲等（2011）统计的各省份市场化指数来衡量上市公司所在地的市场化进程。由于樊纲等（2011）的报告中统计的数据截止到2009年，因此，我们采用2007至2009年各省份的市场化指数反映市场化程度的变化趋势。各省（直辖市、自治区）市场化进程的总得分的计算包括以下几项：政府对市场的干预情况、非国有经济发展情况、产品市场发育情况、要素市场发育情况、中介组织发育和法制化建设情况，上述六项加总后分值越高说明该地区的市场化程度越高。

（2）地区特征变量（DISTRICT）：虚拟变量，当公司所在地位于东部地区时取值为1，位于中部时为2，位于西部时为3。其中，按照樊纲等（2011）的分类，东部地区省份包括：北京、天津、河北、辽宁、上海、江苏、浙江、海南、山东、广东和福建；中部地区省份包括：山西、内蒙古、吉林、黑龙江、安徽、江西、河南、湖北、湖南和广西；西部地区省份包括：重庆、四川、贵州、云南、西藏、陕西、甘肃、青海、宁夏、新疆。

（3）行业特征变量（INDUSTRY）：虚拟变量，依据证监会行业分类标准对行业进行划分并剔除金融类企业。划分后共16类行业，以综合类行业为基准。

（4）年度特征变量（YEAR）：虚拟变量，以2010年为基准0。

4.3 实证结果分析

4.3.1 描述性统计分析

资金占用反映的是大股东及其子公司或关联方在期末时点发生的对上市公司资金形成的占用。从表4-1中对全样本的描述性统计分析可以发现，资金占用程度的平均值为0.89%，即其他应收款的增加值占到了总资产的0.89%。但是，资金占用程度在样本间存在很大差异，最大值达到3.54，说明其他应收款的年度增加值达到了资产规模的3.54倍；而最小值则为0，即未发生资金占用行为。

从其他控制变量的情况来看，外资持股的平均比例为3.89%，仍处于一个较低的水平。但是，样本间的差异也很大，外资持股的最大值可达到88.5%，外资实现了绝对控股；而最小值为0，仍有公司未能获得外资参股。证券投资基金持股比例的均值为8.44%，与外资股东的情况一致，均值仍处于较低水平，但样本间的差异很大。公司成长性指标显示，中国上市公司的市场价值为账面价值的3.016倍，说明成长性较强，且公司间的差异并不大。财务状况的均值为0.187，说明公司期末现金流量仅占总债务的18.7%，这意味着中国上市公司的现金持有量普遍较低、易陷入财务危机。但是，财务状况指标的标准差为0.718，达到了均值的3.8倍，说明样本间的差异也很大。两权分离度的平均值为0.845；最大值为1，此时说明大股东现金流权和控制权未发生分离；而最小值为0.0221，此时两权分离度较高。股权制衡度的均值为22.2%，股权制衡度相对较低，但最高可达到62.2%。

表4-1 连续型变量描述性统计分析（全样本）

VARIABLE	OBS	MEAN	STD.DEV.	MIN	MAX
TUNNELING	5005	0.00896	0.0710	0	3.540
LEV	5005	0.417	0.266	0.00708	6.684
SCALE	5005	12.58	1.302	6.505	19.21
FOREIGN	5005	0.0389	0.116	0	0.885
FUND	5005	0.0844	0.122	0	0.780
MB	5005	3.016	1.551	1.230	6.082
FD	5000	0.187	0.718	-19.58	23.43
CV	5004	0.845	0.220	0.0221	1
SINDEX	5003	0.222	0.139	0.0071	0.622
MARKET	4996	9.121	1.931	0.380	11.80

表4-2列示了按照经理类型分组后的描述性统计分析结果，一体型经理的样本数为1370，独立型为1885，依附型为1750。通过比较资金占用程度的均值可看出，依附型经理的资金占用程度均值最高，为1.18%；独立型经理资金占用程度的均值为0.72%，在三种类型中排名最低。这一结果与假设1不相符，需要在实证回归中进一步检验。外资股东持股比例均值在一体型经理所在公司中最高，达到4.38%；而在依附型经理所在公司中最低，仅为2.94%，说明国有控股公司中外资持股比例仍较低。与外资持股的情况相同，证券投资基金在依附型经理所在公司中的持股比例最低，仅为7.46%。就公司的成长性情况来看，独立型经理所在公司拥有最好的成长前景，其市值账面比达到3.186，而依附型经理所在公司的市值账面比均值最低。这一结果说明，职业经理人执政能够为上市公司带来更好地成长前景，而依附型经理由于身兼“政治人”的角色，难以全力促进公司的发展，进而导致了公司相对较低的成长性。财务状况指标反映，由于国有企业预算软约束以及在获取银行贷款时具备优势，无须保有较多的现金来偿还负债。因此，依附型经理所在公司的现金流量债务比的均值低于其他两种类型。从两权分离度指标

来看，一体型经理所在公司的两权分离度平均值为0.885，低于依附型经理和独立型经理时的情况。股权制衡度指标的平均值在经理为依附型时最低（16.6%），在经理为一体型时最高（29.7%），说明国有企业的股权高度集中，其他大股东难以对大股东侵害行为形成有效制衡。

表4-2　连续型变量描述性统计分析（按经理类型分类）

VARIABLE		OBS	MEAN	STD.DEV.	MIN	MAX
TUNNELING	RESOURCE=1	1370	0.00773	0.0551	0	1.736
	RESOURCE=2	1885	0.00719	0.0263	0	0.464
	RESOURCE=3	1750	0.0118	0.106	0	3.54
LEV	RESOURCE=1	1370	0.28	0.191	0.00752	0.94
	RESOURCE=2	1885	0.425	0.314	0.00708	6.684
	RESOURCE=3	1750	0.515	0.209	0.0123	3.48
SCALE	RESOURCE=1	1370	11.95	0.827	9.645	15.75
	RESOURCE=2	1885	12.4	1.216	6.505	18.6
	RESOURCE=3	1750	13.26	1.384	8.453	19.21
FOREIGN	RESOURCE=1	1370	0.0438	0.122	0	0.743
	RESOURCE=2	1885	0.0441	0.129	0	0.885
	RESOURCE=3	1750	0.0294	0.0924	0	0.768
FUND	RESOURCE=1	1370	0.105	0.141	0	0.78
	RESOURCE=2	1885	0.0786	0.121	0	0.734
	RESOURCE=3	1750	0.0746	0.106	0	0.636
MB	RESOURCE=1	1370	3.066	1.432	1.23	6.082
	RESOURCE=2	1885	3.186	1.604	1.23	6.082
	RESOURCE=3	1750	2.793	1.557	1.23	6.082
FD	RESOURCE=1	1370	0.239	0.903	-3.79	23.43
	RESOURCE=2	1883	0.201	0.814	-19.58	12.78
	RESOURCE=3	1747	0.131	0.34	-4.141	3.186
CV	RESOURCE=1	1370	0.885	0.182	0.13	1
	RESOURCE=2	1885	0.798	0.237	0.0636	1.015
	RESOURCE=3	1749	0.863	0.22	0.0221	1
SINDEX	RESOURCE=1	1370	0.297	0.129	0.0182	0.622
	RESOURCE=2	1883	0.219	0.134	0.00711	0.606
	RESOURCE=3	1750	0.166	0.123	0.00935	0.613

表4-3为按是否为金字塔控股结构进行分类所做的统计分析，金字塔控股结构的样本为4216个，非金字塔结构的样本为789个，说明在中国上市公司中金字塔结构十分普遍。在金字塔控股结构下，上市公司资金被大股东占用程度的均值为0.93%，高于非金字塔结构下的0.69%，这一结果证实金字塔控股结构增加了大股东的隐蔽性，加剧了掏空。由其他统计指标来看，外资股东在金字塔结构公司中持股比例较高（4.38%），而证券投资基金则更偏向于在非金字塔结构公司中持股（10.9%）。金字塔控股公司的成长性普遍低于非金字塔控股公司，这可能说明发展成熟公司的大股东多采用金字塔控股结构实现业务延伸。非金字塔结构公司的财务状况（0.272）要好于金字塔结构公司（0.171），这可能是由于非金字塔控股结构的公司多处于成长期，需要储备大量的现金流以备不时之需。股权制衡度在非金字塔结构公司中更高（0.319）。因此，总体来说，大股东采用非金字塔结构控股公司时，整体的公司治理状况要好于控股结构为金字塔型时。

表4-3 连续型变量描述性统计分析（按是否为金字塔结构分类）

Variable		Obs	Mean	Std.Dev.	Min	Max
TUNNELING	PYRAMID=1	4216	0.00934	0.0723	0	3.54
	PYRAMID=0	789	0.00692	0.0634	0	1.736
FOREIGN	PYRAMID=1	4216	0.0438	0.122	0	0.885
	PYRAMID=0	789	0.0127	0.0635	0	0.612
FUND	PYRAMID=1	4216	0.0797	0.118	0	0.78
	PYRAMID=0	789	0.109	0.14	0	0.636
MB	PYRAMID=1	4216	2.987	1.571	1.23	6.082
	PYRAMID=0	789	3.171	1.431	1.23	6.082
FD	PYRAMID=1	4212	0.171	0.709	-19.58	23.43
	PYRAMID=0	788	0.272	0.756	-6.014	5.93
SINDEX	PYRAMID=1	4214	0.204	0.135	0.00711	0.613
	PYRAMID=0	789	0.319	0.116	0.0158	0.622

表4-4为按照是否有基金持股进行分类的统计分析。在研究样本中，有基金持股的样本数为4374，无基金持股的样本数为631。从资金占用的情况来看，在无基金持股的情况下，大股东的资金占用程度普遍更严重。分析其他控制变量的结果可以发现，基金更偏向于在公司规模较大、成长性较高、两权分离度低、股权制衡度高及所在区域市场化程度较高的公司中持股。

表4-4　连续型变量描述性统计分析（按是否有基金持股分类）

Variable		Obs	Mean	Std.Dev.	Min	Max
TUNNELING	FUND>0	4374	0.00849	0.0698	0	3.54
	FUND=0	631	0.0122	0.0785	0	1.778
LEV	FUND>0	4374	0.414	0.246	0.00708	6.354
	FUND=0	631	0.439	0.376	0.0108	6.684
SCALE	FUND>0	4374	12.73	1.279	9.641	19.21
	FUND=0	631	11.54	0.933	6.505	14.6
MB	FUND>0	4374	2.965	1.527	1.23	6.082
	FUND=0	631	3.369	1.669	1.23	6.082
PYRAMID	FUND>0	4374	0.839	0.367	0	1
	FUND=0	631	0.864	0.343	0	1
FD	FUND>0	4370	0.192	0.702	-19.58	23.43
	FUND=0	630	0.156	0.815	-4.141	12.78
SINDEX	FUND>0	4372	0.223	0.138	0.00711	0.622
	FUND=0	631	0.211	0.144	0.0123	0.606
MARKET	FUND>0	4366	9.137	1.92	0.38	11.8
	FUND=0	630	9.009	2.004	0.38	11.8

4.3.2　相关性分析

表4-5为变量间的相关关系检验。首先，在1%的显著性水平下，变量TUNNELING与SINDEX及AUDIT均呈显著的负相关关系；在5%的水平下，TUNNELING与MB显著正相关、与FUND显著负相关；在10%的水平下，

TUNNELING与CV显著负相关。以上结论说明公司规模、成长性、两权分离度、股权制衡度、基金持股及外部审计等均会对大股东的掏空程度产生重要影响。同时，从其他变量间的相关系数值可以发现，相关系数均低于0.3，因此，可判断变量间不存在多重共线性问题。

表4-5 变量相关性分析

	TUNNELING	MB	FOREIGN	FUND	PYRAMID	FD	CV	BOARD	SINDEX	AUDIT
LEV	0.02									
	(0.15)									
MB	0.03									
	(0.03)									
FOREIGN	-0.02	-0.03								
	(0.23)	(0.06)								
FUND	-0.032	0.21*	0.004							
	(0.03)	(0.00)	(0.79)							
PYRAMID	0.01	-0.04*	0.098*	-0.089*						
	(0.38)	(0.00)	(0.00)	(0.00)						
FD	-0.01	0.053*	0.019	0.058*	-0.051*					
	(0.50)	(0.00)	(0.19)	(0.00)	(0.00)					
CV	-0.024	-0.041*	-0.035	0.005	-0.287*	0.043*				
	(0.09)	(0.004)	(0.01)	(0.74)	(0.00)	(0.002)				
BOARD	-0.009	-0.063*	0.011	0.015	0.134*	-0.03	-0.045*			
	(0.51)	(0.00)	(0.44)	(0.28)	(0.00)	(0.04)	(0.002)			
SINDEX	-0.04*	0.037*	0.21*	0.241*	-0.304*	0.11*	0.1*	-0.02		
	(0.003)	(0.01)	(0.00)	(0.00)	(0.00)	(0.00)	(0.00)	(0.15)		
AUDIT	-0.13*	-0.09*	0.014	0.061*	-0.029	0.028	0.02	0.02	0.05*	
	(0.00)	(0.00)	(0.32)	(0.00)	(0.04)	(0.05)	(0.16)	(0.15)	(0.00)	
MARKET	-0.022	-0.051*	0.11*	0.041*	-0.101*	0.015	0.041*	-0.084*	0.154*	0.04
	(0.12)	(0.00)	(0.00)	(0.004)	(0.00)	(0.28)	(0.004)	(0.00)	(0.00)	(0.01)

注：括号内为相应的P值；在1%的显著性水平下，相关系数后将显示*。

4.3.3 经理异质性与大股东掏空程度

现有研究普遍将资金占用值为0的样本剔除后进行回归，但这种做法可能带来样本选择偏误的问题。因此，我们采用Tobit模型对掏空进行分析，表4-6中的回归（i）提供了面板数据模型式（4-1）的估计结果。由估计结果可知，由于RESOURCE = 3和RESOURCE = 2的系数为负且分别在10%和5%的水平上显著，因此，在经理为一体型时大股东的掏空程度最严重。同时，由于RESOURCE = 3的系数大于RESOURCE = 2，所以，依附型经理所在公司中的掏空程度要高于独立型经理。因此，掏空程度按照从高到低的顺序为：一体型＞依附型＞独立型，大股东掏空程度与经理独立性呈负相关关系，这一结论支持了假设1。由于一体型经理与大股东的身份重合或与大股东的利益一致，没有自身的利益诉求且在大股东实施掏空时无条件地给予配合。这一行为不仅使大股东能够顺利地实施掏空，还能获得全部的掏空收益，这就为大股东掏空提供了激励。依附型经理作为自利的经济人，在依附于大股东的同时也会追求私利，因此，会在掏空发生时有条件地与大股东合谋，与大股东共享合谋收益。此时，大股东需要在掏空的收益和成本之间做出权衡，其掏空意愿较经理为一体型时更低。因此，依附型经理也能够在一定程度上抑制掏空。独立型经理不与大股东合谋，此时的大股东无法实施掏空，掏空程度也就最低，独立型经理能够更有效的抑制掏空行为。然而，虽然相比于另外两种类型的经理，独立型经理能够最为有效的抑制掏空，但由表4-6中的回归（i）可以发现，RESOURCE=2和RESOURCE=3的回归系数仅在万分位上存在差异，也即独立型经理对掏空的抑制作用仅仅是略高于依附型经理。造成这一结果的原因可以在一定程度上归于数据量纲的差异。但是，除了统计方面的原因外，我国职业经理人市场的不完善可能是导致独立型经理无法更为有效地对掏空发挥抑制作用的更为重要的原因。在中国，职业经理人市场还处在萌芽状态，职业经理人市场运行机制仍有待于建立和完善。一方面，企业内部的公司治理机制不完善；同时，对职业经理人的激励机制也不健全，经理的个人价值与贡献未能得到很好地体现。职业经理人对抗大股东的掏空行为需要承担较大的风险（如被大股东解职而失去经理职位），这种行为如果得不到其他公司治理参与者（包括其他大股东、独立董事、机构投资者和境外股东）的支持，单靠职业经理人一人之力难以有效抑制掏空行为。此时，职业经理人的积极性和创造性会受到很大的负面冲击。另一方面，职业经理人市场的声誉评价机制建设较为落后。由前文分析可知，职业经理人之所以能够有效抑制掏空的一个重要原因就是其对个人声誉的重视程度较高。在声誉评价机制建设落后的情况下，职业经理人对掏空行为的抵制行为难以得到市场的认可；同时，其非伦理行为也难以致使市场降低对其声誉的评价。因此，在缺乏激励与约束机制的条件下，职业经理人对抗大股东的动机和能力也就会相应的下降，使其在现阶段暂时无法对掏空行为起到更为有效地抑制作用。

分析控制变量的结果发现，公司规模与掏空呈显著的负相关关系，这可能是由于规模越大的公司其内部治理结构越完善，从而使大股东在进行掏空时面临更多的阻力。资产负债率与掏空显著正相关，因为随着财务杠杆比率的上升使公司拥有的现金流水平上升（王曾等，2014），进而提高了大股东掏空的可能性。股权集中度的平方项与掏空在10%的水平上显著负相关，说明股权集中度与掏空之间呈现倒U型关系。外部审计与掏空显著负相关，说明外部审计是一种有效地公司治理机制能够显著降低掏空水平。公司财务状况与掏空在10%的水平上负相关，对此一个可能的解释是：当公司发生财务危机时，大股东将加快从上市公司转移资源以在最后时刻获得更多利益。上一期是否发生掏空与本期的掏空程度显著正相关，证实了掏空行为的连续性。

本章同时引入按照经理类型分组的回归进行验证。表4-6中的回归（ii）至（iv）为分组回归结果。回归结果显示的结论如下所述。

（1）在一体型经理所在公司中，大股东的掏空程度会受到资产负债率、独立董事比例和上一期是否发生掏空行为的正向影响；同时，与股权集中度也呈倒U型关系。值得注意的是：此时的独立董事并未能起到监督掏空的作用，反而推波助澜，加剧了掏空；同时，外资股东与基金的作用也不显著。

（2）经理为依附型时，大股东的掏空程度会受到公司规模、外部审计和公司财务状况的负向影响；同时，也会受到公司成长性的正向影响。其中，公司成长性的正面影响反映出：在高成长的公司中，不论是正当的业务开展需要，还是大股东为谋私利，大股东都会借助高成长机会将一部分成长收益转为掏空收益（王曾等，2014）。相比于全样本下，外部审计在经理为依附型时能够发挥更为有效的抑制掏空作用；同时，公司财务状况在1%的水平上显著为负，说明在依附型经理所在公司中，大股东在上市公司发生财务危机时“趁火打劫”的倾向更为明显。当经理为依附型时，独立董事、外资股东和基金在公司治理中难以发挥有效的作用抑制掏空。

（3）经理为独立型时，大股东掏空程度受到资产负债率的正向影响及股权集中度的平方项、市场化进程的负向影响。其中，市场化进程的系数在5%的水平下显著为负，说明经理为独立型时，公司的发展更易受到所处地区市场化进程的影响。在公司经营地区的市场化程度高时，大股东掏空行为将有所收敛。此时，独立董事、外资股东和基金抑制掏空的积极作用均未能显现，这可能说明：在股权高度集中的环境中，外资股东和基金由于持股比例较低，即便有热情参与公司治理，但却对公司决策无能为力；而大部分独立董事由于仅为形式上的独立性而缺乏实质上的独立性，其行为决策在一定程度上都要受到大股东的影响，因此，也难以在监督大股东方面有所作为。

表4-6　经理异质性与大股东掏空（基于经理类型的分组）

VARIABLES	(i)	(ii)	(iii)	(iv)
	TUNNELING		TUNNELING	
	全样本	一体型	独立型	依附型
RESOURCE=2	-0.00240**			
	(0.00100)			
RESOURCE=3	-0.00219*			
	(0.00117)			
SCALE	-0.00120***	-0.00143	-0.000827	-0.00107*
	(0.000383)	(0.00102)	(0.000610)	(0.000647)
LEV	0.00894***	0.00778*	0.0122***	0.00176
	(0.00167)	(0.00439)	(0.00214)	(0.00373)

续表4-6

VARIABLES	(i)	(ii)	(iii)	(iv)
	TUNNELING	TUNNELING		
	全样本	一体型	独立型	依附型
PYRAMID	0.00134	0.000509	0.00249	0.00258
	(0.00118)	(0.00152)	(0.00202)	(0.00471)
CV	0.000801	0.000965	0.00333	-0.000629
	(0.00180)	(0.00406)	(0.00276)	(0.00310)
LSHARE2	-0.00683*	-0.0121*	-0.0102*	-0.00297
	(0.00351)	(0.00714)	(0.00578)	(0.00584)
SINDEX	-0.000747	-0.00842	-0.00552	0.0105
	(0.00352)	(0.00674)	(0.00567)	(0.00670)
DIRECT	0.00106	0.00548*	-0.00279	0.00107
	(0.00184)	(0.00298)	(0.00273)	(0.00435)
MB	0.000448	0.000334	0.000119	0.00104**
	(0.000290)	(0.000574)	(0.000460)	(0.000506)
FOREIGN	0.00190	0.00197	0.00146	0.00132
	(0.00344)	(0.00547)	(0.00513)	(0.00819)
MARKET	-0.000370	0.000326	-0.00117**	-0.000166
	(0.000340)	(0.000626)	(0.000542)	(0.000615)
FUND	-0.00143	-0.00124	0.00281	-0.00631
	(0.00329)	(0.00507)	(0.00554)	(0.00688)
AUDIT	-0.00515*	-0.0103	0.00438	-0.0126**
	(0.00304)	(0.00668)	(0.00483)	(0.00505)
FD	-0.000968*	2.02e-05	-0.000645	-0.00790***
	(0.000528)	(0.000709)	(0.000792)	(0.00210)
PREFA	0.00254***	0.00238*	0.00334***	0.00155
	(0.000755)	(0.00131)	(0.00125)	(0.00133)
DISTRICT	控制	控制	控制	控制
YEAR	控制	控制	控制	控制
INDUSTRY	控制	控制	控制	控制
CONSTANT	0.0160**	0.0199	0.00350	0.0201
	(0.00698)	(0.0164)	(0.0111)	(0.0127)
N	4989	1,367	1,881	1,741
卡方值	145.53	44.84	90.50	71.28

注：括号内为异方差稳健标准误；***及**和*分别表示双尾检验在1%、5%和10%的水平上统计显著。

为进一步探究不同类型的经理在不同的公司治理机制下对大股东掏空可否产生抑制效果，我们按照是否为金字塔控股结构、是否有基金持股对样本进行分组。表4-7为两组回归结果，回归（i）和（ii）为基于金字塔结构的分组，回归（iii）和（iv）为基于是否有基金持股的分组。通过分析回归结果可以发现如下所述的规律。

（1）依附型经理抑制大股东掏空行为的作用在金字塔控股结构中能够得到有效发挥，而独立型经理作用的有效性在非金字塔结构控股公司中更为显著。依据这一结果可以推测，当大股东采用金字塔结构间接控制上市公司时，虽然这一控制结构使大股东能够在更隐蔽的条件下进行利益侵占，但同时也使得大股东对上市公司的日常运作“鞭长莫及”，因而更加需要经理与之合谋进行掏空。在非金字塔控股结构下，独立型经理抑制掏空的作用将得到更为有效的发挥。

（2）在有基金持股的情况下，独立型和依附型经理都能够对大股东掏空产生有效的抑制作用。这可能也从另一个侧面说明：基金持股能够作为一种有效地公司治理机制，加大大股东掏空的难度，进一步迫使大股东转而寻求经理的帮助。在这种情况下，依附型经理即使配合掏空也会要求分享较高的掏空收益进而提高大股东的掏空成本，而独立型经理拒不配合也会使大股东难以掏空。

表4-7　经理异质性与大股东掏空（基于金字塔控股及基金持股的分组）

	(i)	(ii)	(iii)	(iv)
	TUNNELING		TUNNELING	
VARIABLES	PYRAMID=1	PYRAMID=0	FUND＞0	FUND=0
RESOURCE=2	-0.00183	-0.0033***	-0.00167*	-0.00546*
	(0.00122)	(0.00119)	(0.000933)	(0.00329)
RESOURCE=3	-0.00177*	0.000182	-0.00157*	-0.00345
	(0.00104)	(0.00344)	(0.000925)	(0.00500)
SCALE	-0.00126***	-0.00270**	-0.00124***	-0.00319*
	(0.000438)	(0.00116)	(0.000432)	(0.00189)

续表4-7

	(i)	(ii)	(iii)	(iv)
	TUNNELING		TUNNELING	
VARIABLES	PYRAMID=1	PYRAMID=0	FUND>0	FUND=0
LEV	0.00943***	0.00910*	0.00653**	0.0176**
	(0.00325)	(0.00477)	(0.00276)	(0.00815)
PYRAMID			0.00143	-6.62e-05
			(0.00108)	(0.00399)
MB	0.000421	0.000333	0.000490	-0.000891
	(0.000336)	(0.000555)	(0.000344)	(0.00116)
SINDEX	0.00469	-0.00564	0.00294	-0.0115
	(0.00327)	(0.00558)	(0.00320)	(0.0112)
FOREIGN	-0.000624	0.0234	0.00214	-0.0132
	(0.00292)	(0.0157)	(0.00389)	(0.0134)
FUND	-0.00261	0.00285		
	(0.00345)	(0.00525)		
AUDIT	-0.00661	0.0148	-0.00858	0.00297
	(0.00524)	(0.0288)	(0.00646)	(0.00882)
MARKET	-0.000313	-0.000888	-0.000253	-0.00129
	(0.000432)	(0.000635)	(0.000284)	(0.00154)
DIRECT	0.000883	0.00127	0.000613	-0.000450
	(0.00239)	(0.00241)	(0.00251)	(0.00404)
FD	-0.00140	0.000982	-0.000751*	-0.00372
	(0.000856)	(0.00121)	(0.000440)	(0.00290)
PREFA	0.00245***	0.00326**	0.00270***	0.00177
	(0.000821)	(0.00131)	(0.000705)	(0.00335)
DISTRICT	控制	控制	控制	控制
YEAR	控制	控制	控制	控制
INDUSTRY	控制	控制	控制	控制
CONSTANT	0.0165*	0.0215	0.0185**	0.0397
	(0.00866)	(0.0317)	(0.00875)	(0.0312)
N	4,204	786	4,361	629
卡方值	188.87	27.55	420.60	184.87

注：括号内为异方差稳健标准误；***及**和*分别表示双尾检验在1%、5%和10%的水平上统计显著。

4.3.4 稳健性检验

为验证经理异质性对掏空影响的稳健性，本节将借鉴Wang and Xiao（2011）的做法，采用异常资金占用额（TUNNELING_E）为因变量进行稳健性检验。首先，仍旧采用其他应收款增量与总资产之比衡量大股东掏空（TUNNELING）；同时，采用面板回归模型式（4-2）得到残差ε来衡量异常资金占用额（苏冬蔚和熊家财，2013）。

$$\begin{aligned}\text{TUNNELING}_{it}=&\theta_0+\theta_1\text{SCALE}_{it}+\theta_2\text{LEV}_{it}+\theta_3\text{TOBINQ}_{it}+\theta_4\text{LARGE}_{it}+\theta_5\text{BOARD}_{it}\\&+\theta_6\text{BALANCE}_{it}+\sum_{i=1}^{3}b_i\text{DISTRICT}+\sum_{i=1}^{16}c_i\text{INDUSTRY}+\sum_{i=1}^{3}d_i\text{YEAR}\end{aligned} \tag{4-2}$$

在得到残差后，以异常资金占用额（TUNNELING_E）作为因变量进行回归，回归结果列示于表4-8中的回归（i）至（iv）。由回归结果可见，独立型经理能够最为有效的抑制掏空，依附型经理次之，一体型经理所在公司的掏空程度最为严重。前文的结果是稳健的。

表4-8 大股东掏空程度的稳健性检验

VARIABLES	(i)	(ii)	(iii)	(iv)
	因变量：TUNNELING_E			
	全样本	一体型	独立型	依附型
RESOURCE=2	-0.000524***			
	(7.73e-05)			
RESOURCE=3	-0.000499***			
	(8.99e-05)			
SCALE	-0.00318***	-0.00352***	-0.00302***	-0.00322***
	(3.05e-05)	(5.72e-05)	(6.64e-05)	(3.27e-05)
LEV	0.0120***	0.0119***	0.0118***	0.0127***
	(0.000172)	(0.000243)	(0.000351)	(0.000218)
PYRAMID	-9.22e-05	0.000280***	-0.000390*	-0.000922***
	(9.14e-05)	(8.41e-05)	(0.000201)	(0.000247)

续表4-8

VARIABLES	(i)	(ii)	(iii)	(iv)
	因变量：TUNNELING_E			
	全样本	一体型	独立型	依附型
CV	0.000516***	0.00137***	0.000379	0.000294*
	(0.000137)	(0.000222)	(0.000272)	(0.000162)
SINDEX	-0.00289***	-0.00579***	-0.00216***	-0.00164***
	(0.000242)	(0.000302)	(0.000520)	(0.000325)
DIRECT	0.000467***	0.000275*	0.000722***	1.42e-05
	(0.000142)	(0.000161)	(0.000279)	(0.000225)
MB	-6.34e-05***	-0.000140***	-4.91e-05	-3.15e-05
	(2.26e-05)	(3.21e-05)	(4.70e-05)	(2.67e-05)
FOREIGN	0.00176***	0.00155***	0.00208***	0.000654
	(0.000259)	(0.000299)	(0.000493)	(0.000431)
MARKET	-1.78e-05	8.87e-05**	-0.000162***	4.32e-05
	(2.61e-05)	(3.47e-05)	(5.40e-05)	(3.23e-05)
FUND	0.000229	0.00110***	-0.000216	-0.000191
	(0.000257)	(0.000281)	(0.000564)	(0.000365)
AUDIT	0.00222***	0.000850**	0.00430***	0.000143
	(0.000235)	(0.000378)	(0.000464)	(0.000274)
FD	-0.000112***	-0.000108***	-0.000118	0.000197*
	(4.10e-05)	(4.07e-05)	(7.72e-05)	(0.000110)
PREFA	9.92e-05*	5.17e-05	0.000167	3.37e-05
	(5.79e-05)	(7.29e-05)	(0.000124)	(7.00e-05)
DISTRICT	控制	控制	控制	控制
YEAR	控制	控制	控制	控制
INDUSTRY	控制	控制	控制	控制
CONSTANT	0.00966***	0.0141***	0.00624***	0.0123***
	(0.000547)	(0.000927)	(0.00113)	(0.000666)
N	4983	1,363	1,879	1,741
卡方值	152.01	5144.02	4761.91	6579.34

注：括号内为异方差稳健标准误；***及**和*分别表示双尾检验在1%、5%和10%的水平上统计显著。

4.4 本章小结

本章通过构建Tobit模型实证检验了不同类型经理对大股东掏空程度的影响；同时，探究了在不同的公司治理机制下经理作用的有效性。本章得出的主要结论如下所述。

（1）经理独立性与大股东掏空程度呈反向变动关系，独立性越高的经理，越能有效抑制掏空。一体型经理独立性最弱，因此，其在掏空发生时将无条件配合大股东的掏空行为以实现大股东利益最大化。这一行为激励了大股东实施更高程度的掏空。依附型经理的独立性高于一体型经理，但会有条件地与大股东形成合谋共同实施掏空，这实际上构成了大股东的掏空成本，当这一成本超过大股东的掏空收益时，大股东将减少掏空。因此，依附型经理可在一定程度上提高大股东的掏空成本，进而抑制掏空。独立型经理的独立性最高，且不会与大股东合谋进行掏空。此时，大股东掏空活动难以实施，进而导致其掏空意愿和掏空程度均会下降。

（2）依附型经理抑制大股东掏空行为的作用在金字塔控股结构中能够得到有效发挥，而独立型经理作用的有效性在非金字塔结构控股公司中更为显著。在有基金持股的情况下，独立型和依附型经理都能够对大股东掏空产生有效的抑制作用。这说明，基金持股能够作为一种有效的公司治理机制形成有效的掏空抑制。

（3）股权集中度与大股东掏空呈倒U型关系，当股权集中度处于较低水平时，“壕沟防御效应”将导致掏空程度的上升；当股权集中度达到一定水平后，“利益协同效应”的发挥将使掏空程度下降。同时，外部审计制度也能够在一定程度上对掏空产生抑制。

5　经理异质性影响大股东掏空的渠道分析

在上一章中，本书着重研究了不同类型经理将对大股东掏空程度产生怎样的影响，发现不同类型的经理在大股东掏空时将采取不同的行动：独立型经理不与大股东合谋，因而能够最为有效的抑制掏空，降低大股东的掏空程度；依附型经理有条件的与大股东形成合谋的行为提高了大股东的掏空成本，因而能在一定程度上抑制掏空；一体型经理将无条件的配合掏空行动，对大股东具有较强的掏空激励。本章将主要探究经理异质性是通过何种渠道来影响大股东的掏空程度的。由于从“经济人”假设的角度出发，经理采取任何行动的前提都是最大化自身利益，而非正常在职消费作为经理隐性收益的一部分，由于其具有隐蔽性、易于操纵及量化等特点，是经理最大化自身利益的主要途径。因此，本章将以此为基础，引入经理非正常在职消费并研究其与掏空的相关关系，以此揭开经理在大股东掏空过程中采取不同行动的动因。

5.1　研究假设与实证模型

本节将依据第3章中通过理论分析所得到的结论及已有的文献来进行理论分析并提出研究假设，为实证模型的设计做准备。

5.1.1　经理异质性对非正常在职消费程度影响的分析

首先，依据陈冬华等（2005）的研究可知，在国有企业中普遍存在着对经理的货币薪酬管制，而这种管制主要来源于政府对国有资产的管理体制和对国有企业的行政干预。薪酬管制会导致上市公司在制订薪酬契约时无法实现经理薪酬与绩效的挂钩，进而导致替代性的激励制度的产生。这些替代性制度就包括政治晋升和在职消费，陈冬华等（2005）的研究就发现国有企业中存在严重的在职消费问题。除薪酬管制问题外，对国有企业经理的股权激励程度仍处于较低的水平。由第3章中的表3-1可知，截至2012年末，依附型经理平均持股数量仅为3.95万股，远低于经理为一体型时的4660万股和独立型时的757.2万股。而依据卢锐等（2008）、冯根福和赵珏航（2012）的研究可知，股权激励与在职消费互为替代关系，因而在股权激励程度较低时，经理也有较强的动机转向谋求更多在职消费。同时，张铁铸和沙曼（2014）的研究也给出了影响管理层在职消费程度的另一个因素，即管理层个人能力，其研究发现：管理层能力与在职消费间呈显著的负相关关系，即能力越强的经理将较少地通过在职消费来最大化自身利益。由前文的理论分析可知，作为职业经理人，独立型经理相较于一体型和依附型经理具备较强且较为专业的管理才能，因此，也能够根据市场形势及时准确的执行公司决策。由此可以判断，独立型经理的能力要高于一体型和依附型经理。因此，一体型经理通过在职消费最大化个人利益的动机最弱。基于以上分析可得：国有企业中的依附型经理可能会更倾向于通过谋取非正常在职消费的手段来扩大自身的收益；同时，大股东也会为拉拢经理而给予其非正常在职消费作为合谋掏空的回报。此时，依附型经理的私人收益就包括正常在职消费和非正常在职消费。而独立型经理不会与大股东合谋，大股东也不会为拉拢经理而给予非正常在职消费收益作为回报，获得的私人收益仅为正常在职消费。因此，依附型经理的总体在职消费水平和非正常在职消费水平均高于独立型经理。

其次，根据卢锐等（2008）的观点，当一体型经理与大股东的身份重合时，提高自身非正常在职消费水平就成为大股东侵害中小股东利益的另一种手段。由于缺乏监督，兼顾经理身份的大股东能够为自己谋取更高的在职消费，与掏空行为一道最大化自身的利益。所以，此时的在职消费的程度越高就意味着大股东可获得的掏空收益越高。因此，一体型经理的总体在职消费水平与非正常在职消费水平均高于其他两种类型经理。由此可得假设2。

假设2：经理独立性与非正常在职消费水平呈负相关关系。经理独立性越高，其谋取更高的非正常在职消费的动机越弱。

与研究大股东掏空问题时存在的缺陷一致，以往文献在研究非正常在职消费问题时也仅仅保留了非正常在职消费程度大于0的样本，这同样会导致样本选择偏误的问题。因此，为验证假设2，本章设定了如下Tobit模型来研究经理异质性与非正常在职消费间的相关关系。式（5-1）中，ABPERK为非正常在职消费；RESOURCE为虚拟变量，表征经理类型；POWER为经理权力；U为公司层面控制变量，包括资产收益率、公司成长性、销售毛利率、经理相对薪酬及持股比例；W为地区、行业及年度控制变量；δ 和 γ 分别代表公司层面控制变量和地区、行业及年度控制变量对应的回归系数，ε 代表回归残差项。

$$\mathrm{ABPERK}_{it}\begin{cases}=\beta_0+\sum_{i=1}^{3}\beta_i\mathrm{RESOURCE}_{it}+\beta_4\mathrm{POWER}_{it}+U_{it}\delta+W_{it}\gamma+\varepsilon_{it}, & \text{若右边}>0\\ =0, & \text{若右边}\leqslant 0\end{cases} \tag{5-1}$$

5.1.2　掏空与非正常在职消费的相关关系分析

由第3章的理论分析可知，当经理为依附型时，其非正常在职消费水平为$(1-\theta)(1-\alpha)m_{\mathrm{C}}\phi(a_0+e_{\mathrm{C}})$，这也就意味着经理能获得多少非正常的在职消费除了取决于自身的讨价还价能力$(1-\theta)$外，还取决于超控制权收益$(1-\alpha)m_{\mathrm{C}}\phi(a_0+e_{\mathrm{C}})$的大小。因此，经理非正常在职消费程度与大股东掏空程度呈正相关关系。

结合以上分析可知不同类型经理在大股东掏空时采取不同行为的动机分别为：当经理为一体型时将无条件地支持大股东的掏空行为；同时，家族大股东相比于其他股东更了解企业运营（Wang, 2006），且对上市公司保有绝对的控股权，因此其可以通过较为隐蔽的手段进行有利于家族利益的掏空行动（Ali et al., 2007）。因此，大股东可以最为便利地实施掏空，此时的一体型经理执掌上市公司加剧了掏空。当所有权和经营权发生分离时，由大股东掏空程度与经理非正常在职消费的相关关系可知，不同类型经理对大股东掏空行为的影响程度主要取决于其追逐非正常在职消费动机的强弱。经理为依附型时有较为强烈地追逐非正常在职消费的动机，会为获得非正常在职消费而与大股东形成合谋，因而大股东在经理的协助下能够实施掏空。但是，经理的非正常在职消费行为实际上构成了大股东掏空上市公司时需付出的一种成本。因此，在掏空成本上升的情况下大股东将降低其掏空程度，依附型经理能够在一定程度上抑制掏空。经理为独立型时出于维护个人声誉的考虑，其非正常在职消费的动机最弱，因此为获取非正常在职消费而与大股东形成合谋的动机最弱。独立型经理对掏空行为的不配合有效抑制了大股东的掏空行为，降低了上市公司被掏空的程度。由以上分析可得假设3和4。

假设3：经理非正常在职消费水平与大股东的掏空程度呈正相关关系。

假设4：当所有权和经营权发生分离时，经理追逐非正常在职消费动机的强弱程度决定了其抑制掏空行为的有效性。相比于依附型经理，独立型经理非正常在职消费动机最弱，有效抑制了掏空行为。

为检验假设3和假设4，本章设置以大股东掏空程度为因变量的Tobit模型，并在模型中引入非正常在职消费变量（ABPERK）来检验非正常在职消费与大股东掏空的相关关系，模型如式（5−2）所示。模型（5−2）中，TUNNELING为采用大股东资金占用程度为标准来衡量的掏空程度，RESOURCE为虚拟变量表征经理类型，ABPERK为经理非正常在职消费程度，X为公司层面控制变量，Z为公司治理变量，W为地区、行业及年度控制变量，λ代表公司层面控制变量对应的回归系数，δ为公司治理变量对应的回归系数，γ为地区、行业及年度控制变量对应的回归系数，ε为回归残差项，公司层面控制变量和公司治理变量同第4章中的定义。假设3要求ϕ_4的系数估计值显著大于0。

$$\text{TUNNELING}_{it}\begin{cases}=\phi_0+\sum_{i=1}^{3}\phi_i\text{RESOURCE}_{it}+\phi_4\text{ABPERK}_{it}+X_{it}\lambda+Z_{it}\delta+W_{it}\gamma+\varepsilon_{it}, & \text{若右边}>0\\ =0, & \text{若右边}\leqslant 0\end{cases} \tag{5-2}$$

5.2 实证研究设计

5.2.1 样本选择与数据来源

与上一章中的样本选择过程相同，本章选取2010—2012年所有沪深A股非金融类上市公司作为研究样本；同时，对大股东持股比例低于20%、当年经营发生亏损的公司和未披露总经理简历的样本进行了剔除，最终共有5005个样本组成面板数据。其中，公司治理数据来源于CSMAR数据库，财务和经理在职消费数据来源于同花顺iFind数据库。经理类型和境外股东持股数据来自手工年报查询。在进行回归分析前，本章也对主要连续型变量在1%的水平上进行了缩尾（Winsorize）处理，以消除极端值对回归结果的影响。

5.2.2 变量定义

5.2.2.1 在职消费

在职消费属于经理隐性收益的范畴，这一收益并未在契约中进行事前的约定，因此，难以对其进行准确计量。现有的研究主要是将可能转化为在职消费的项目进行统计来作为在职消费的代理变量。早期的研究主要遵循陈冬华等（2005）的做法，将年报中披露的管理费用中可能转化为在职消费的项目分为八类，包括办公费、差旅费、业务招待费、通信费、出国培训费、董事会费、小车费和会议费，将这些费用进行加总后得到在职消费的数据。卢锐等（2008）、罗宏和黄文华（2008）、冯根福和赵珏航（2012）对在职消费的研究均采用了这一计量方法。但是，陈冬华等（2005）在研究时也指出，作为薪酬契约不完备的产物和满足公司正常运作的需要，经理在正常范围内进行在职消费行为是合理的。因此，在正常范围内的在职消费可作为对经理努力工作的一种回报（吕长江和赵宇恒，2008）。因此，需要区分经理的正常在职消费和非正常在职消费。权小锋等（2010）在其研究中首先计算出受经济因素决定的正常在职消费额，然后利用实际在职消费发生额减去正常在职消费额来获得非正常在职消费额。Luo et al.（2011）、王曾等（2014）的研究均采用了这一方法。

除上述两种方法外，也有学者采用销售管理费用率对在职消费进行度量。Singh and Davidson（2003）的研究指出，销售管理费用很容易成为可由高管自由处置的花费，因此，可以在一定程度上作为衡量高管隐性收益一种方法。姜付秀等（2009）的研究采用了这一方法。

本书在研究中，借鉴了Luo et al.（2011）的方法，取管理费用中扣除了工资及福利、折旧和摊销项目等明显不会转化为在职消费的项目后的金额[①]来计算经理实际在职消费总额（PERK）；同时，我们借鉴了权小锋等（2010）和王曾等（2014）的做法，区分了正常在职消费（NORMPERK）和非正常在职消费（ABPERK）。其中，正常在职消费为由经济因素决定的经理在职消费额，可由模型式（5-3）对样本企业分年度分行业进行回归而得。模型（5-3）中，$ASSET_{i,t-1}$为上期期末资产总额，$\Delta Sales_{i,t}$为本期营业收入变动额，$PPE_{i,t}$为本期固定资产净值，$INVENTORY_{i,t}$为本期存货总额，$LNEMPLOYEE_{i,t}$为公司员工总数的对数值。非正常在职消费则为经理实际在职消费与正常在职消费的差额，如式（5-4）所示。得到在职消费额后，除以期末营业收入来控制规模的影响[②]。

$$\frac{PERK_{i,t}}{ASSET_{i,t-1}} = \lambda_0 + \lambda_1 \frac{1}{ASSET_{i,t-1}} + \lambda_2 \frac{SALE_{i,t}}{ASSET_{i,t-1}} + \lambda_3 \frac{PPE_{i,t}}{ASSET_{i,t-1}} + \lambda_4 \frac{INVENTORY_{i,t}}{ASSET_{i,t-1}} + \lambda_5 LNEMPLOYEE_{i,t} + \varepsilon_{i,t} \tag{5-3}$$

$$ABPERK_{i,t}=PERK_{i,t}-NORMPERK_{i,t} \tag{5-4}$$

① Luo et al.（2011）将在职消费定义为管理费用减去高管薪酬、计提的坏账准备、存货跌价准备以及当年的无形资产摊销额等项目后所得。但是，由于2007年我国出台了《新企业会计准则》，计提的坏账准备和存货跌价不再计入管理费用科目。因此，我们在计算实际在职消费时不再减去这两项。

② 在《新企业会计准则》中，主营业务收入一项被撤销。因此，我们采用营业收入来控制规模影响。

5.2.2.2　经理权力（POWER）

Bebchuck et al.（2002）从管理者权力法的角度研究了管理层的激励问题，其研究认为，管理层会利用手中掌握的权力为自己谋取过高的薪酬或过多的私人收益。Cheng（2005）研究证实，在管理层权力较高的公司中，CEO薪酬水平与公司的业绩表现呈现严重的非对称性，公司业绩提高时CEO薪酬的上升速度快于公司业绩下降时CEO薪酬的下降速度。因此可认为，管理层权力在决定薪酬绩效敏感度时产生了较大影响，卢锐（2006）的研究也证实了这一观点。在管理层权力与隐性收益的研究方面，卢锐等（2008）探究了管理层权力是否为影响其在职消费水平，得出的结论为：管理层手中掌握的权力越大时在职消费程度越高；权小锋等（2010）的研究则发现了央企中的管理层权力与在职消费程度显著正相关的证据，而这一正相关关系在地方国企中并不显著，说明在央企中通过在职消费获得隐性收益更受管理层青睐。

在本书的研究中同样考察了经理权力对正常在职消费和非正常在职消费的影响。借鉴权小锋等（2010）的做法，我们采用主成分分析法对以下关于经理的五种指标合成为经理权力综合指标。①兼任情况：总经理未兼任任何董事职务时取值为1，总经理兼任董事职务时取值为2，总经理兼任董事长职务时取值为3，数值越大代表经理的权力越大。②学历：1＝中专及以下，2＝大专，3＝本科，4＝硕士，5＝博士，6＝其他。③任职时间长度：样本期减去上任经理职位的年份。④在大股东单位任职情况：1＝有任职，0＝无任职。⑤社会声望：1＝曾获得奖项及担任社会职务，包括担任人大代表、政协委员和协会成员等；0＝无奖项及社会职务。在以上五个指标的基础上合成的指标数值越大，说明经理权力越大。

由表5-1可知，2010—2012这三年的KMO统计量均大于0.6，由此得出可采用因子分析的方法进行分析；再由Barlett球形度检验结果可知，近似卡方统计值的显著性概率均为0.000，说明各变量间相互独立的假设不成立。因此，本模型能够通过因子分析适用性检验。

表5-1 KMO和Bartlett的检验

		2010	2011	2012
Kaiser-Meyer-Olkin 度量		0.616	0.622	0.648
Bartlett 的球形度检验	近似卡方	339.391	389.031	451.904
	df	10	10	15
	Sig.	0.000	0.000	0.000

由表5-2可知，模型只提取了前两个特征根大于1的公因子，两个公因子的方差贡献率基本能达到50%，说明所选的两个因子基本能够描述经理所掌握权力的情况。

表5-2 解释的总方差

	2010		2011		2012	
	1	2	1	2	1	2
合计	1.587	1.01	1.509	1.081	1.587	1.015
方差 / %	26.99	17.18	30.22	21.65	31.7	20.28
累积 / %	26.99	44.17	30.22	51.87	31.7	51.98

依据表5-3得出的得分系数矩阵，可以采用线性回归法求出因子得分系数*F*。

表5-3 成分得分系数矩阵

	2010		2011		2012	
	1	2	1	2	1	2
教育背景	-0.045	0.948	0.029	0.431	0.026	0.971
任职时间长度	0.286	-0.0118	0.397	0.494	0.44	0.033
是否有兼任情况	0.37	0.227	-0.093	0.661	0.36	0.141
是否兼任董事	0.47	-0.127	0.511	-0.174	0.325	0.011
社会声望	0.437	-0.045	0.511	0.042	0.449	-0.158

在得出F_1和F_2的得分值后，以各公因子对应的方差贡献率为权数，计算经理权力综合得分POWER1。

（1）2010年的因子得分系数为：

$$F_{1(2010)}=-0.045\times\alpha_1+0.286\times\alpha_2+0.37\times\alpha_3+0.47\times\alpha_4+0.437\times\alpha_5 \quad (5-5)$$

$$F_{2(2010)} = -0.948\times\beta_1 - 0.0118\times\beta_2 + 0.227\times\beta_3 - 0.127\times\beta_4 - 0.045\times\beta_5 \quad (5-6)$$

$$\begin{aligned}\text{POWER1}_{(2010)} &= \frac{\lambda_{1(2010)}}{\lambda_{1(2010)}+\lambda_{2(2010)}}F_{1(2010)} + \frac{\lambda_{2(2010)}}{\lambda_{1(2010)}+\lambda_{2(2010)}}F_{2(2010)} \\ &= 0.611\times F_{1(2010)} + 0.389\times F_{2(2010)}\end{aligned} \quad (5-7)$$

（2）2011年的因子得分系数为：

$$F_{1(2011)} = 0.029\times\alpha_1 + 0.397\times\alpha_2 - 0.093\times\alpha_3 + 0.511\times\alpha_4 + 0.511\times\alpha_5 \quad (5-8)$$

$$F_{2(2011)} = 0.431\times\beta_1 + 0.494\times\beta_2 + 0.661\times\beta_3 - 0.174\times\beta_4 + 0.042\times\beta_5 \quad (5-9)$$

$$\begin{aligned}\text{POWER1}_{(2011)} &= \frac{\lambda_{1(2011)}}{\lambda_{1(2011)}+\lambda_{2(2011)}}F_{1(2011)} + \frac{\lambda_{2(2011)}}{\lambda_{1(2011)}+\lambda_{2(2011)}}F_{2(2011)} \\ &= 0.583\times F_{1(2011)} + 0.417\times F_{2(2011)}\end{aligned} \quad (5-10)$$

（3）2012年的因子得分系数为：

$$F_{1(2012)} = 0.026\times\alpha_1 + 0.44\times\alpha_2 + 0.36\times\alpha_3 + 0.325\times\alpha_4 + 0.449\times\alpha_5 \quad (5-11)$$

$$F_{2(2012)} = 0.971\times\beta_1 + 0.033\times\beta_2 + 0.141\times\beta_3 + 0.011\times\beta_4 - 0.158\times\beta_5 \quad (5-12)$$

$$\begin{aligned}\text{POWER1}_{(2012)} &= \frac{\lambda_{1(2012)}}{\lambda_{1(2012)}+\lambda_{2(2012)}}F_{1(2012)} + \frac{\lambda_{2(2012)}}{\lambda_{1(2012)}+\lambda_{2(2012)}}F_{2(2012)} \\ &= 0.61\times F_{1(2012)} + 0.39\times F_{2(2012)}\end{aligned} \quad (5-13)$$

5.2.2.3　经理薪酬（MPAY）

我们借鉴了权小锋等（2010）的研究，将经理薪酬区分为正常薪酬（NORMPAY）和非正常薪酬（ABPAY）。其中，正常薪酬为由经济因素决定的经理薪酬额，可由模型式（5−14）对样本企业分年度分行业进行回归而得。模型式（5−14）中，$\text{MPAY}_{i,t}$为年末经理实际薪酬取对数；$\text{SCALE}_{i,t}$为公司总资产取对数；$\text{ROA}_{i,t}$为本期资产收益率；$\text{ROA}_{i,t}$为上一期资产收益率；$\text{AVERAGEPAY}_{i,t}$为员工平均薪酬，计算方法为全体员工总薪酬除以员工总数；$\text{DISTRICT}_{i,t}$为地域虚拟变量；$\text{INDUSTRY}_{i,t}$为表征公司所处行业的虚拟变量；$\text{YEAR}_{i,t}$为标准样本所在年份的虚拟变量。非正常薪酬则为经理实际薪酬减去正常薪酬，计算方法见式（5−15）。

$$\begin{aligned}\text{MPAY}_{i,t} &= \rho_0 + \rho_1\text{SCALE}_{i,t} + \rho_2\text{ROA}_{i,t} + \rho_3\text{ROA}_{i,t-1} + \rho_4\text{AVERAGEPAY}_{i,t} \\ &\quad + \sum_{i=1}^{3} b\,\text{DISTRICT}_{i,t} + \sum_{i=1}^{16} c_i\text{INDUSTRY}_{i,t} + \sum_{i=1}^{3} d\,\text{YEAR}_{i,t}\end{aligned} \quad (5-14)$$

$$\mathrm{ABPAY}_{i,t}=\mathrm{MPAY}_{i,t}-\mathrm{NORMPAY}_{i,t} \tag{5-15}$$

5.2.2.4 会计业绩（ROA）

会计业绩即为总资产收益率。权小锋等（2011）的研究发现，公司的会计业绩会对经理非正常在职消费程度产生影响。

5.2.2.5 销售毛利率（MRS）

销售毛利率指期末营业利润除以营业收入，这一指标反映了企业租金的高低。卢锐等（2008）通过实证研究发现，当公司销售毛利率水平越高时，经理的在职消费水平越高。

5.2.2.6 经理相对薪酬（PAY）

经理相对薪酬指期末总经理薪酬除以全体员工平均薪酬。经理与员工薪酬差距越大时，说明经理拥有较高的货币薪酬水平。陈冬华等（2005）对国有企业中的在职消费行为进行研究指出，国有企业的经理人员通过进行在职消费来获得更高收益的一个重要原因就是薪酬管制。因此，我们可以推断：当经理可获得的货币薪酬水平较高时，其进行非正常在职消费的动机也将下降。

5.2.2.7 经理持股比例（SHARE）

经理持股比例指期末总经理持股数占上市公司股票发行总数之比。当激励薪酬在经理薪酬包中所占比例越高时，经理将更加注重公司的长期成长，减少可能损害公司价值的自利行为。卢锐等（2008）的研究得出，激励性薪酬与经理在职消费呈现替代关系；Bizjak et al.（1993）也认为，股权激励与公司市场表现相挂钩，经理可获得的股权收益取决于公司业绩，也能够解决股东对高管监督不力的问题；罗宏和黄文华（2008）的研究也认为，对经理实施股权激励能够促使经理利益与上市公司利益保持一致，经理会约束在职消费行为。同时，由第3章中对经理激励性薪酬与经理预期收益相关关系的研究所推导出的关系式$\frac{\partial \Delta E(V_{\mathrm{M}})}{\partial \omega}=\frac{\phi^2(1-\alpha)(1-\phi)[\theta^2-(1-\theta)^2\alpha]}{bk}\geqslant 0$可知，即当上市公司对经理实行激励薪酬时，经理不配合大股东的掏空行为时将获得更高的预期收益。配合掏空可获得的收益下降时将导致经理配合掏空行为的意愿降低，同时使其可获得非正常在职消费额下降。

5.3 实证结果分析

5.3.1 描述性统计分析

表5-4给出了基于全样本的主要连续型变量的描述性统计分析以及基于经理类型的分组统计结果。经理实际在职消费（PERK）的平均值为0.05，即经理实际在职消费额占营业收入的比重为5%。但是，不同公司间的差异很大，标准差为均值的2.68倍。实际在职消费的最大值为8.795，说明在管理费用中可能转化为经理在职消费的总额为公司营业收入的8.795倍。从分组统计的结果来看，一体型经理实际在职消费水平均值最高，依附型经理最低；由经济因素决定的经理正常在职消费的均值为0.066，但在不同公司间的差异很大，最大值为58.359。分组统计结果显示，独立型经理的正常在职消费额的均值最高，而一体型经理最低；经理非正常在职消费的均值为-0.016，依附型经理的非正常在职消费程度最高达到-0.001，独立型经理的非正常在职消费程度最低为-0.0038。因此，由以上结果可以得出：一体型经理的实际在职消费中主要以正常在职消费为主，这可能是由于一体型经理本身就是大股东，正常在职消费也为大股东所有，这就可能使之成为大股东谋取过高私人利益的一种手段，而非对努力工作的补偿；独立型经理的实际在职消费额中非正常在职消费所占比重较低，这一结果说明独立型经理私人收益的主要表现形式为正常在职消费，而追逐非正常在职消费的动机相对较弱；与独立型经理相反，依附型经理实际在职消费额中非正常在职消费占比最高，说明依附型经理追逐非正常在职消费动机十分强烈，这也为其与大股东合谋留下了空间。

薪酬属于经理显性收益的一部分，经理可获得的薪酬水平可能直接影响到其追逐私人收益的动机强弱。由表5-4可知，经理实际薪酬的均值为3.779，依附型经理的实际薪酬水平最高，一体型经理的最低。但是，由相对薪酬的情况来看，依附型经理与员工的薪酬差距最小，薪酬比大致为7∶1；而一体型经理虽然薪酬绝对值最低，但其与员工的薪酬差距最大。经理正常薪酬均值为3.794，依附型经理的正常薪酬均值最高，一体型经理的最低；经理非正常薪酬均值为-0.0146，而独立型经理的非正常薪酬水平最高，说明职业经理人更偏好于获得更高的货币薪酬作为努力工作的回报。经理权力的均值为2.502，一体型经理的权力最大，独立型经理的权力最小。这是由于一体型经理与大股东利益重合或本身就是大股东，其掌握的权力最高；由于独立型经理是从外部聘任，大股东出于不信任的原因将会限制独立型经理的权力。总经理期末持股水平的平均值为4%，一体型经理的持股比例平均达到12%，在三种类型经理中最高。这是由于一体型经理本身就是大股东或与大股东同属家族成员，也兼有股东身份。依附型经理持股比例最低，说明国有控股公司对经理的股权激励程度仍较低。

表5-4　主要连续型变量描述性统计分析

VARIABLE	OBS	MEAN	STD. DEV.	MIN	MAX
PERK	5002	0.05	0.134	0	8.795
RESOURCE=1	1367	0.06	0.055	0	0.607
RESOURCE=2	1885	0.048	0.049	0	0.798
RESOURCE=3	1750	0.045	0.216	0	8.795
NORMPERK	5002	0.066	0.828	-0.267	58.359
RESOURCE=1	1367	0.064	0.055	-0.071	0.585
RESOURCE=2	1885	0.086	1.346	-0.2	58.359
RESOURCE=3	1750	0.047	0.085	-0.267	2.455
ABPERK	5002	-0.016*	0.833	-58.359	6.69
RESOURCE=1	1367	-0.004	0.055	-0.411	0.554
RESOURCE=2	1885	-0.038	1.346	-58.359	0.538
RESOURCE=3	1750	-0.001	0.166	-0.987	6.69

续表5-4

VARIABLE	OBS	MEAN	STD. DEV.	MIN	MAX
MPAY	4813	3.779	0.807	0	6.866
RESOURCE=1	1289	3.681	0.759	0	6.149
RESOURCE=2	1831	3.799	0.797	0	6.634
RESOURCE=3	1677	3.834	0.847	0	6.866
NORMPAY	4813	3.794	0.527	0.693	6.622
RESOURCE=1	1289	3.740	0.451	0.693	4.884
RESOURCE=2	1831	3.785	0.461	0.693	5.359
RESOURCE=3	1677	3.875	0.554	0.693	6.622
ABPAY	4813	-0.0146	0.649	-2.959	4.257
RESOURCE=1	1289	-0.059	0.615	-2.086	3.432
RESOURCE=2	1831	0.014	0.636	-2.707	3.812
RESOURCE=3	1677	-0.041	0.617	-2.959	2.731
PAY	5003	8.01	8.33	0	144.8
RESOURCE=1	1370	8.22	8.31	0	117
RESOURCE=2	1883	8.7	9.09	0	144.8
RESOURCE=3	1749	7.1	7.35	0	138.8
POWER1	5005	2.502	0.793	0.619	7.677
RESOURCE=1	1370	2.758	0.73	0.815	6.393
RESOURCE=2	1885	2.365	0.788	0.619	7.677
RESOURCE=3	1749	2.452	0.798	0.708	7.387
SHARE	5005	0.04	0.11	0	0.68
RESOURCE=1	1370	0.12	0.17	0	0.68
RESOURCE=2	1885	0.02	0.06	0	0.57
RESOURCE=3	1750	0.001	0.02	0	0.36

注：* 与Luo et al.（2001）、王曾等（2014）的结果一致，非正常在职消费的平均值为负数。这是由于我们在研究中将在职消费分解为正常和非正常在职消费，且正常在职消费为回归估计值。因此，由实际在职消费减去正常在职消费后得到的非正常在职消费程度出现负数是正常的。

5.3.2 相关性分析

表5-5为变量间的相关关系检验。首先，经理非正常在职消费与大股东掏空程度的相关关系为正但不显著，说明经理非正常在职消费与大股东之间可能存在正相关关系，但需要在实证模型中进一步检验。同时，从其他变量间的相关系数可以发现，相关系数值均较低，变量间不存在多重共线性问题。

表5-5 相关系数表

	TUNNELING	DRES2	DRES3	ABPERK	POWER1	SCALE	LEV	MB	PAY	SHARE	ROE
DRES2	-0.02										
	(0.17)										
DRES3	0.03	-0.57*									
	(0.04)	(0.00)									
ABPERK	0.005	-0.02	0.013								
	(0.75)	(0.15)	(0.37)								
POWER1	0.004	-0.14*	-0.05*	-0.003							
	(0.77)	(0.00)	(0.00)	(0.84)							
SCALE	-0.05*	-0.11*	0.38*	0.035	0.04*						
	(0.00)	(0.00)	(0.00)	(0.02)	(0.01)						
LEV	0.02	0.02	0.27*	-0.031	-0.03	0.41*					
	(0.15)	(0.1)	(0.00)	(0.03)	(0.03)	(0.00)					
MB	0.03	0.09*	-0.11*	-0.023	-0.08*	-0.3*	-0.04*				
	(0.04)	(0.00)	(0.00)	(0.11)	(0.00)	(0.00)	(0.00)				
PAY	-0.02	0.065*	-0.08*	0.008	0.07*	0.15*	0.032	0.006			
	(0.12)	(0.00)	(0.00)	(0.60)	(0.00)	(0.00)	(0.03)	(0.66)			
SHARE	-0.024	-0.162*	-0.26*	0.007	0.085*	-0.23*	-0.26*	0.06*	-0.011		
	(0.088)	(0.00)	(0.00)	(0.61)	(0.00)	(0.00)	(0.00)	(0.00)	(0.44)		
ROE	-0.008	-0.011	0.017	0.005	-0.017	0.023	0.036	0.075*	0.017	-0.014	
	(0.58)	(0.45)	(0.22)	(0.71)	(0.22)	(0.11)	(0.01)	(0.00)	(0.24)	(0.32)	

5.3.3 经理非正常在职消费与大股东掏空

为验证掏空与非正常在职消费的相关关系，我们将非正常在职消费变量引入以掏空为因变量的回归模型，并采取Tobit模型进行分析。表5-6中的回归（i）至（iv）列示了回归结果。其中，回归（i）为全样本回归，回归（ii）至（iv）为基于不同经理类型的分组回归。回归（i）的结果显示，非正常在职消费变量（ABPERK）的系数在1%的水平上显著为正，即非正常在职消费程度与掏空程度显著正相关。这一结果验证了假设3，说明如果经理在合谋过程中能够获得更高的非正常在职消费，他将更倾向与大股东形成合谋共同实施掏空，进而为大股东带来更高的掏空收益。

进一步分析分组回归的结果可得，只有当经理为依附型时，非正常在职消费与掏空的正相关关系才显著。这一结论证明：依附型经理与大股东合谋的根本动机是谋取非正常在职消费。因此，当大股东承诺对依附型经理谋取非正常在职消费采取默许态度时，他将更有动力去协助大股东获得掏空收益。经理为一体型时的掏空程度之所以最高，并不是因为经理追逐非正常在职消费的动机最强，而是由于经理对掏空行为无条件地支持使大股东能够以最低的成本实施掏空，因此，在回归（ii）中，非正常在职消费与掏空的相关关系并不显著。独立型经理本身追逐非正常在职消费的动机就较弱，其与大股东形成合谋的动机也较弱，因此，在回归（iii）中，非正常在职消费与掏空的正相关关系也不显著。

表5-6 经理非正常在职消费与大股东掏空

VARIABLES	(i)	(ii)	(iii)	(iv)
	TUNNELING			
	全样本	一体型	独立型	依附型
RESOURCE=2	-0.00227**			
	(0.000998)			
RESOURCE=3	-0.00217*			
	(0.00116)			

续表5-6

VARIABLES	(i)	(ii)	(iii)	(iv)
	TUNNELING			
	全样本	一体型	独立型	依附型
ABPERK	0.0129***	0.0162	0.00116	0.0137***
	(0.00308)	(0.0118)	(0.00174)	(0.00365)
SCALE	-0.00132***	-0.00151	-0.00113*	-0.00107*
	(0.000368)	(0.00101)	(0.000589)	(0.000603)
LEV	0.00928***	0.00922**	0.0127***	0.00191
	(0.00165)	(0.00432)	(0.00212)	(0.00368)
PYRAMID	0.00120	0.000203	0.00252	0.00256
	(0.00118)	(0.00151)	(0.00202)	(0.00467)
CV	-0.000101	-0.000183	0.00270	-0.000763
	(0.00179)	(0.00400)	(0.00274)	(0.00307)
SINDEX	0.00210	-0.00239	-0.00137	0.0118*
	(0.00314)	(0.00547)	(0.00518)	(0.00610)
DIRECT	0.00108	0.00540*	-0.00251	0.000954
	(0.00184)	(0.00299)	(0.00273)	(0.00432)
MB	0.000412	0.000355	9.35e-05	0.000896*
	(0.000290)	(0.000575)	(0.000461)	(0.000502)
FOREIGN	0.000858	0.000668	-8.33e-05	0.000664
	(0.00339)	(0.00541)	(0.00506)	(0.00811)
MARKET	-0.000397	0.000252	-0.00111**	-0.000247
	(0.000339)	(0.000626)	(0.000542)	(0.000610)
FUND	-0.00216	-0.00311	0.00251	-0.00647
	(0.00329)	(0.00507)	(0.00554)	(0.00683)
AUDIT	-0.00662*	-0.0103	0.00319	-0.0136***
	(0.00305)	(0.00668)	(0.00488)	(0.00501)
FD	-0.00096*	1.03e-05	-0.000702	-0.00694***
	(0.000526)	(0.000711)	(0.000793)	(0.00210)
PREFA	0.00256***	0.00230*	0.00340***	0.00165
	(0.000754)	(0.00132)	(0.00126)	(0.00133)

续表5-6

VARIABLES	(i)	(ii)	(iii)	(iv)
	TUNNELING			
	全样本	一体型	独立型	依附型
DISTRICT	控制	控制	控制	控制
YEAR	控制	控制	控制	控制
INDUSTRY	控制	控制	控制	控制
CONSTANT	0.0183**	0.0196	0.00522	0.0215*
	(0.00696)	(0.0164)	(0.0111)	(0.0126)
N	4,986	1,364	1,881	1,741
卡方值	161.99	44.14	89.37	85.01

注：括号内为异方差稳健标准误；***及**和*分别表示双尾检验在1%、5%和10%的水平上显著。

5.3.4　经理异质性与经理非正常在职消费

依据前文的分析，经理追逐非正常在职消费动机的强弱决定了其在大股东掏空过程中所能发挥的作用。由于不同类型的经理在掏空中所发挥的作用不同，可以推断不同类型的经理在获得非正常在职消费时有不同的诉求。本节以经理非正常在职消费作为因变量，检验经理异质性对非正常在职消费的影响，回归结果列示于表5-7中。回归（i）为全样本回归，回归（ii）至（iv）为基于经理类型的分组回归。回归（i）的结果显示，经理类型的系数（RESOURCE）显著为负，且RESOURCE=2的系数小于RESOURCE=3，由此可得经理非正常在职消费与经理独立性也呈负相关关系，即一体型经理的非正常在职消费额最高而独立型经理最低，这一结果验证了假设2。这一结果说明，当经理为一体型时，大股东将非正常在职消费与掏空一道视为最大化自身利益的手段，其非正常在职消费程度最高；当经理为依附型时，将要求较高的非正常在职消费作为参与合谋的回报，但如果经理要求的非正常在职消费程度超过大股东可获得的掏空收益，将会导致大股东放弃掏空，因此，依附型经理可获得的非正常在职消费会受到大股东的限制；独立型经理出于维护声誉和遵守经理职业道德的角度出发，不会为追逐非正常在职消费而与大股东形成合谋，因此，其非正常在职消费程度最低。结合这一结论与

5.3.3的研究结论可以发现：由于独立型经理追逐非正常在职消费的动机较弱，因而不会与大股东形成合谋，大股东的掏空行为能够得到有效抑制；依附型经理有较强的动机追逐非正常在职消费，因而将与大股东形成有条件地合谋，为大股东掏空提供便利，此时的大股东掏空行为仅能在一定程度上得到抑制。因此，当所有权和经营权分离时，经理进行非正常在职消费动机的强弱决定了其对大股东掏空行为的抑制作用能否得以有效发挥，这一结论也验证了假设4。

控制变量的系数显示，经理权力对非正常在职消费的影响在1%的水平下显著为负，说明当经理拥有的权力较小时，其可获得的非正常在职消费额也较低。导致这一结果的原因在于：由于非正常在职消费的实质就是经理与大股东合谋进行掏空时对掏空收益的分享，也即经理需要与大股东形成合谋才能获得非正常在职消费。当经理权力较低时，只能通过与大股东合谋来获得非正常在职消费；而当经理权力较大时，经理将摆脱大股东的控制而无须与其合谋来获得更高的私人收益。经理持股比例越高时，非正常在职消费程度越严重，这可能是由于在所有类型经理中，一体型经理作为公司股东持股比例最高，随着其持股比例的提高，一体型经理将倾向于利用非正常在职消费作为掏空的一种手段，进而导致非正常在职消费程度上升。公司成长性与非正常在职消费显著正相关，说明当公司有较好的成长前景时，经理会借助高成长机会将一部分现金流转移为非正常在职消费（王曾等，2014）；公司销售毛利率与非正常在职消费程度显著正相关，这是由于当公司利润越高时，大股东可掏空的收益越高，进而使经理非正常在职消费程度也随着掏空收益的上升而提高；会计业绩与非正常在职消费的显著正相关关系也证实了这一点。经理相对薪酬水平与非正常在职消费显著负相关，说明当经理与员工的平均薪酬存在较大差距时，经理追逐非正常在职消费的动机将下降，证实了较高的货币薪酬可对经理起到有效的激励作用。

进一步分析分组回归的结果可知，经理权力仅在经理为独立型时与非正常在职消费显著负相关，说明独立型经理掌握的权力越高，其不与大股东合谋来获得非正常在职消费的倾向越低。这一结果也证实，即使独立型经理掌握了较高的权力，也不会倾向于通过追逐非正常在职消费来最大化自身利益。其他控制变量的结果显示，公司成长性在经理为不同类型时均与非正常在职消费程度显著正向关，而销售毛利率仅在经理为独立型时显著为正，经理相对薪酬和经理持股比例仅在经理为一体型时在1%的水平上显著为负。

表5-7　经理异质性与经理非正常在职消费

VARIABLES	(i)	(ii)	(iii)	(iv)
	ABPERK			
	全样本	一体型	独立型	依附型
RESOURCE=2	-0.00351***			
	(0.00107)			
RESOURCE=3	-0.00250**			
	(0.00114)			
POWER1	-0.00113**	-0.00136	-0.00143*	0.000989
	(0.000522)	(0.00103)	(0.000839)	(0.000786)
MB	0.00193***	0.00125**	0.00166***	0.00153***
	(0.000275)	(0.000620)	(0.000438)	(0.000418)
MRS	0.00315***	-0.000995	0.0113***	-0.00172
	(0.000734)	(0.00168)	(0.00399)	(0.00179)
ROA	0.000102***	0.000814***	0.000246***	0.000271***
	(2.31e-05)	(0.000121)	(5.07e-05)	(7.83e-05)
PAY	-0.000272***	-0.000177*	-7.24e-05	2.02e-05
	(6.06e-05)	(9.30e-05)	(7.19e-05)	(8.08e-05)
SHARE	0.0103***	0.00867*	0.00869	0.0310
	(0.00382)	(0.00452)	(0.00988)	(0.0313)
DISTRICT	控制	控制	控制	控制
YEAR	控制	控制	控制	控制
INDUSTRY	控制	控制	控制	控制
CONSTANT	-0.0149***	-0.00548	-0.00469	-0.0111***
	(0.00293)	(0.00472)	(0.00339)	(0.00286)
N	4,790	1,367	1,883	1,748
卡方值	191.76	93.72	95.16	58.95

注：括号内为异方差稳健标准误；***及**和*分别表示双尾检验在1%、5%和10%的水平上显著。

5.3.5 稳健性检验

为验证前文结果的稳健性，在本节中采用以下方法进行稳健性检验。

5.3.5.1 经理正常在职消费与大股东掏空程度

由前文分析可知，经理与大股东进行合谋掏空的动机是为获得非正常在职消费。为进一步检验经理的这一动机，我们引入经理正常在职消费变量来检验这一部分收益与大股东掏空程度的相关关系。表5-8列示了回归结果，回归（i）为基于全样本的回归结果，回归（ii）至（iv）为分组回归结果。在全样本下，经理正常在职消费系数为负，但不显著，说明经理正常在职消费与大股东掏空程度间不存在显著的相关关系。这一结果证实，正常在职消费是经理可获得的正常收益，经理无须与大股东合谋来获取这部分收益，因此，经理也不会为大股东提供掏空激励。分样本回归下，正常在职消费与掏空程度的相关关系同样不显著，经理为一体型时正常在职消费的系数为正，这可能说明在经理为一体型时，兼顾经理身份的大股东能够为自己谋取更高的在职消费，与掏空行为一道最大化自身的利益；同时，经理为独立型和依附型时，正常在职消费与掏空程度负相关，证实此时的正常在职消费是对经理努力工作的一种补偿，可以促使经理更加努力的工作而不是去配合大股东的掏空行动。因此，稳健性检验证实：在职消费部分中，只有非正常在职消费是经理与大股东合谋时所获得的掏空收益，经理追逐非正常在职消费的行为为大股东提供了掏空激励，前文的研究结果得到证实。

表5-8 经理正常在职消费与大股东掏空

VARIABLES	(i)	(ii)	(iii)	(iv)
	因变量：TUNNELING			
	全样本	一体型	独立型	依附型
RESOURCE=2	-0.00225**			
	(0.00100)			
RESOURCE=3	-0.00202*			
	(0.00116)			

续表5-8

VARIABLES	(i)	(ii)	(iii)	(iv)
	因变量：TUNNELING			
	全样本	一体型	独立型	依附型
NORMPERK	-0.000766	0.000998	-0.000904	-0.0306
	(0.000702)	(0.0129)	(0.00103)	(0.0406)
SCALE	-0.00142***	-0.00161	-0.00114*	-9.21e-05
	(0.000369)	(0.00101)	(0.000589)	(0.00338)
LEV	0.00944***	0.00916**	0.0127***	-0.0172
	(0.00165)	(0.00446)	(0.00212)	(0.0205)
PYRAMID	0.00135	0.000308	0.00251	0.0166
	(0.00118)	(0.00152)	(0.00202)	(0.0261)
CV	0.000388	-0.000172	0.00270	-0.0140
	(0.00180)	(0.00401)	(0.00274)	(0.0172)
SINDEX	0.00235	-0.00187	-0.00137	0.0209
	(0.00314)	(0.00548)	(0.00518)	(0.0342)
DIRECT	0.00109	0.00529*	-0.00250	0.0306
	(0.00185)	(0.00299)	(0.00273)	(0.0246)
MB	0.000438	0.000355	9.20e-05	0.00697**
	(0.000291)	(0.000576)	(0.000461)	(0.00280)
FOREIGN	0.000893	0.000302	-6.89e-05	0.0172
	(0.00341)	(0.00541)	(0.00506)	(0.0453)
MARKET	-0.000368	0.000287	-0.00111**	-0.00232
	(0.000340)	(0.000627)	(0.000542)	(0.00341)
FUND	-0.00166	-0.00232	0.00256	-0.0236
	(0.00329)	(0.00510)	(0.00554)	(0.0381)
AUDIT	-0.00558*	-0.0109	0.00323	-0.202***
	(0.00306)	(0.00669)	(0.00488)	(0.0275)
FD	-0.000993*	3.84e-05	-0.000699	-0.0401***
	(0.000529)	(0.000711)	(0.000793)	(0.0117)

续表5-8

VARIABLES	(i)	(ii)	(iii)	(iv)
	因变量：TUNNELING			
	全样本	一体型	独立型	依附型
PREFA	0.00252***	0.00225*	0.00340***	0.00178
	(0.000756)	(0.00132)	(0.00126)	(0.00742)
DISTRICT	控制	控制	控制	控制
YEAR	控制	控制	控制	控制
INDUSTRY	控制	控制	控制	控制
CONSTANT	0.0173**	0.0206	0.00537	0.144**
	(0.00700)	(0.0166)	(0.0111)	(0.0712)
N	4,986	1,364	1,881	1,741
卡方值	143.41	42.24	89.06	78.27

注：括号内为异方差稳健标准误；***及**和*分别表示双尾检验在1%、5%和10%的水平上显著。

5.3.5.2 经理非正常薪酬与大股东掏空

在管理层权力理论的思想中，当经理手中掌握的权力越大时越有能力去操纵自己的薪酬，即出现“自定薪酬”现象。此时，薪酬契约无法起到有效的激励作用，也无法解决股东和经理间的代理问题，因为薪酬已不再是委托人激励代理人的手段，而成为经理谋取私利的手段。因此，权小锋等（2010）的研究指出，地方国有企业的经理可能更偏向于获得更高的货币薪酬作为私有收益。借鉴权小锋等的做法，我们同时考虑了经理与大股东在合谋过程中获得货币性私有收益作为报酬的可能性，将经理非正常薪酬作为自变量纳入模型进行回归分析，回归结果列示于表5-9。其中，回归（i）为全样本回归结果，（ii）至（iv）为分组回归结果。全样本下，经理非正常薪酬与大股东掏空程度的相关关系不显著。由此可得，经理在与大股东合谋过程中获得的收益主要为非正常在职消费，而不是非正常薪酬。这是由于相比于非正常在职消费，过高的薪酬将直接反映在公司财务报表中，更容易为投资者和监管部门所识别，也使得经理与大股东合谋掏空的行为更加引人注目。

这一结果也证实，非正常在职消费是经理参与分享的掏空收益的主要形式。同时，无论经理为何种类型，非正常薪酬与掏空的相关关系均不显著。

表5-9　经理非正常薪酬与大股东掏空

VARIABLES	(i)	(ii)	(iii)	(iv)
	因变量：TUNNELING			
	全样本	一体型	独立型	依附型
RESOURCE=2	-0.00223**			
	(0.00101)			
RESOURCE=3	-0.00203*			
	(0.00118)			
ABPAY	0.000149	-0.00159	0.000611	0.000267
	(0.000610)	(0.00105)	(0.00100)	(0.00111)
SCALE	-0.00121***	-0.000473	-0.000845	-0.00131**
	(0.000373)	(0.00103)	(0.000586)	(0.000624)
LEV	0.00930***	0.00645	0.0127***	0.00274
	(0.00165)	(0.00438)	(0.00210)	(0.00378)
PYRAMID	0.00152	0.000825	0.00229	0.00218
	(0.00120)	(0.00153)	(0.00203)	(0.00474)
CV	0.000515	0.000282	0.00240	-0.000414
	(0.00181)	(0.00399)	(0.00274)	(0.00316)
SINDEX	0.00200	-8.75e-05	-0.00134	0.00856
	(0.00318)	(0.00544)	(0.00519)	(0.00639)
DIRECT	0.000525	0.00396	-0.00324	0.00198
	(0.00186)	(0.00299)	(0.00272)	(0.00446)
MB	0.000444	0.000377	0.000246	0.000956*
	(0.000293)	(0.000578)	(0.000461)	(0.000516)
FOREIGN	0.00149	0.000756	-0.000179	0.00534
	(0.00346)	(0.00533)	(0.00515)	(0.00859)
MARKET	-0.000366	0.000426	-0.000986*	-0.000353
	(0.000343)	(0.000627)	(0.000541)	(0.000629)

续表5-9

VARIABLES	(i)	(ii)	(iii)	(iv)
	因变量：TUNNELING			
	全样本	一体型	独立型	依附型
FUND	-0.00118	-0.00335	0.00253	-0.00368
	(0.00334)	(0.00512)	(0.00555)	(0.00702)
AUDIT	-0.00578*	-0.0115*	0.00346	-0.0126**
	(0.00302)	(0.00651)	(0.00481)	(0.00506)
FD	-0.00116**	-0.000253	-0.000827	-0.00825***
	(0.000531)	(0.000710)	(0.000788)	(0.00216)
PREFA	0.00256***	0.00231*	0.00334***	0.00163
	(0.000764)	(0.00133)	(0.00126)	(0.00137)
DISTRICT	控制	控制	控制	控制
YEAR	控制	控制	控制	控制
INDUSTRY	控制	控制	控制	控制
CONSTANT	0.0152**	0.00662	0.00107	0.0237*
	(0.00705)	(0.0166)	(0.0111)	(0.0129)
N	4,781	1,286	1,827	1,668
卡方值	135.39	35.37	87.56	68.19

注：括号内为异方差稳健标准误；***及**和*分别表示双尾检验在1%、5%和10%的水平上显著。

5.3.5.3 经理异质性与正常在职消费和非正常薪酬

除非正常在职消费外，正常在职消费与过高的货币薪酬都是经理私人收益的表现形式。因此，本节也将这两种收益作为因变量来比较经理类型不同时这些收益的大小关系，回归结果分别列示于表5-10中的回归（i）和（ii）。回归（i）的结果显示，经理类型的系数在1%的水平下显著为正，且RESOURCE=2的系数均大于RESOURCE=3，因此，独立型经理的正常在职消费额和货币私人收益最高而一体型经理最低。控制变量的结果显示，经理权力与正常在职消费呈显著的正相关关系。这是由于相比于一体型经理和依附型经理，在缺少大股东的支持下的独立型经理在获得权力的过程中要付出更多的成本，也需要更加努力的工作来满足全部利益相关者的要求来避免被替换。因此，在独立型经理获得较高的权力后，需要更多的正常在职消费作为货币薪酬外的回报。回归（ii）的结果显示，独立型经理的货币性私有收益高于其他两种类型的经理。同时，经理权力变量的系数也在1%的水平下显著为正，证实了管理层权力理论，即经理权力越大时，其自定薪酬的能力越强。

表5-10 经理异质性与正常在职消费、货币性私有收益

VARIABLES	(i)	(ii)
	NORMPERK	ABPAY
RESOURCE=2	0.00296	0.0775***
	(0.00429)	(0.0195)
RESOURCE=3	0.0196***	0.0744***
	(0.00482)	(0.0206)
POWER1	0.00147***	0.0648***
	(0.000472)	(0.00919)
MB	-0.00132***	0.0170***
	(0.000391)	(0.00498)
MRS	-0.0216***	-0.0176
	(0.00586)	(0.0136)
ROA	-0.000718***	-0.000469
	(4.88e-05)	(0.000430)
PAY	0.000263**	0.0377***
	(0.000112)	(0.000792)
SHARE	-0.00464	-0.0798
	(0.00783)	(0.0728)
DISTRICT	控制	控制
YEAR	控制	控制
INDUSTRY	控制	控制
CONSTANT	0.0779***	-0.497***
	(0.00289)	(0.0412)
N	4,790	4,790
卡方值	25.9	2041.08

注：括号内为异方差稳健标准误；***及**和*分别表示双尾检验在1%、5%和10%的水平上显著。

5.3.5.4 Heckman两阶段模型

考虑到将非正常在职消费变量加入模型中可能导致内生性问题，即掏空程度较高的公司中可能本身就存在严重的非正常在职消费问题，那么，经理谋取非正常在职消费的行为提高掏空程度可能是一种事前选择结果。因此，我们采用Heckman两阶段模型来控制可能存在的内生性问题。Heckman两阶段模型包括：第一阶段，采用Probit模型分析经理异质性对非正常在职消费的影响[①]，此时的非正常在职消费变量（ABPERK_HECKMAN）为虚拟变量，当非正常在职消费行为发生时取值为1，否则为0；第二阶段将第一阶段回归产生的IMR变量代入模型式（5-1），并采用OLS估计方法检验非正常在职消费对掏空程度的影响。同时，本章也采用了Heckman两阶段模型来控制将经理正常在职消费和货币性私有收益纳入回归模型可能导致的样本自选择问题。表5-11中的回归（i）至（vi）分别为以非正常在职消费、正常在职消费和货币性私有收益为因变量的两阶段回归结果。结果显示，将第一阶段产生的IMR变量代入原回归模型中基本没有改变原模型结果，非正常在职消费与大股东掏空程度显著正相关，而正常在职消费与掏空则呈显著的负相关关系，货币性私有收益的高低不会影响大股东的掏空程度。

表5-11　经理私人收益与大股东掏空（Heckman两阶段模型）

VARIABLES	(i)	(ii)	(iii)	(iv)	(v)	(vi)
	第一阶段	第二阶段	第一阶段	第二阶段	第一阶段	第二阶段
	ABPERK_ HECKMAN	TUNNELING	NORM_ HECKMAN	TUNNELING	ABPAY_ HECKMAN	TUNNELING
IMR1		0.00791				
		(0.0157)				
IMR2				0.0672		
				(0.108)		

① 现有的关于在职消费的研究普遍将在职消费值为0的样本删除后进行回归分析。剔除为0的样本同样可能造成样本选择偏误问题。因此，我们采用Heckman两阶段模型可以避免样本由于样本自选择问题所带来的内生性问题。

续表5-11

VARIABLES	(i)	(ii)	(iii)	(iv)	(v)	(vi)
	第一阶段	第二阶段	第一阶段	第二阶段	第一阶段	第二阶段
	ABPERK_HECKMAN	TUNNELING	NORM_HECKMAN	TUNNELING	ABPAY_HECKMAN	TUNNELING
IMR3						-0.00366
						(0.00373)
RESOURCE=2	-0.140***	-0.00248**	-0.141	-0.00233**	0.189***	-0.00231**
	(0.0525)	(0.00109)	(0.222)	(0.00100)	(0.0590)	(0.00101)
RESOURCE=3	-0.0549	-0.00231*	-0.00897	-0.00205	0.268***	-0.00206*
	(0.0558)	(0.00118)	(0.231)	(0.00127)	(0.0623)	(0.00118)
MB	0.0743***	0.000558	-0.0755	0.000402	0.0298**	0.000428
	(0.0134)	(0.000388)	(0.0473)	(0.000332)	(0.0149)	(0.000294)
POWER1	-0.0464*		0.188*		0.145***	
	(0.0252)		(0.0983)		(0.0285)	
PAY	-0.0173***		0.0117		0.205***	
	(0.00574)		(0.0205)		(0.00585)	
SHARE	0.374**		-0.788		-0.260	
	(0.191)		(0.745)		(0.214)	
ROA	0.00406***		0.0195		-0.00244**	
	(0.00111)		(0.0141)		(0.00116)	
MRS	0.125***		-0.0375		-0.0955***	
	(0.0347)		(0.0824)		(0.0359)	
ABPERK		0.0123***				
		(0.00306)				
NORMPERK				-0.000736*		
				(0.000379)		
ABPAY						-0.000303
						(0.000826)

续表5-11

VARIABLES	(i)	(ii)	(iii)	(iv)	(v)	(vi)
	第一阶段	第二阶段	第一阶段	第二阶段	第一阶段	第二阶段
	ABPERK_HECKMAN	TUNNELING	NORM_HECKMAN	TUNNELING	ABPAY_HECKMAN	TUNNELING
SCALE		-0.00111***		-0.00123***		-0.00128***
		(0.000379)		(0.000446)		(0.000380)
LEV		0.00912***		0.00935***		0.00929***
		(0.00166)		(0.00316)		(0.00165)
PYRAMID		0.00148		0.00161		0.00154
		(0.00120)		(0.00103)		(0.00120)
CV		0.000489		0.000496		0.000615
		(0.00180)		(0.00205)		(0.00181)
SINDEX		0.00187		0.00206		0.00185
		(0.00318)		(0.00298)		(0.00318)
DIRECT		0.000582		0.000607		0.000479
		(0.00185)		(0.00190)		(0.00186)
FOREIGN		0.00145		0.00153		0.00142
		(0.00344)		(0.00294)		(0.00346)
MARKET		-0.000367		-0.000344		-0.000358
		(0.000343)		(0.000374)		(0.000344)
FUND		-0.00146		-0.00108		-0.00166
		(0.00335)		(0.00292)		(0.00337)
AUDIT		-0.00716**		-0.00617		-0.00576*
		(0.00303)		(0.00494)		(0.00303)
FD		-0.00111**		-0.00114*		-0.00118**
		(0.000531)		(0.000605)		(0.000532)
PREFA		0.00258***		0.00254***		0.00253***
		(0.000762)		(0.000763)		(0.000764)

续表5-11

VARIABLES	(i)	(ii)	(iii)	(iv)	(v)	(vi)
	第一阶段	第二阶段	第一阶段	第二阶段	第一阶段	第二阶段
	ABPERK_HECKMAN	TUNNELING	NORM_HECKMAN	TUNNELING	ABPAY_HECKMAN	TUNNELING
DISTRICT	控制	控制	控制	控制	控制	控制
YEAR	控制	控制	控制	控制	控制	控制
INDUSTRY	控制	控制	控制	控制	控制	控制
CONSTANT	-0.734***	0.0113	1.926***	-0.00431	-1.779***	0.0181**
	(0.141)	(0.0123)	(0.522)	(0.0332)	(0.126)	(0.00760)
N	4,790	4,777	4,790	4,777	4,790	4,777
卡方值	124.27	154.94	120.87	3.29	1733.14	136.51

注：括号内为异方差稳健标准误；***及**和*分别表示双尾检验在1%、5%和10%的水平上显著。

5.3.5.5　经理非正常在职消费的稳健性检验

借鉴姜付秀等（2009）的做法，本节将采用销售管理费用率作为衡量经理非在职消费的另一种方法，以检验前文结果的稳健性。表5-12列示了稳健性检验结果，结果显示，经理非正常在职消费程度越高时大股东的掏空程度也越高；分样本下，这一正相关关系仅在经理为依附型时成立。因此，前文所得的结论是稳健的。

表5-12　经理非正常在职消费的稳健性检验

VARIABLES	(i)	(ii)	(iii)	(iv)
	因变量：TUNNELING			
	全样本	一体型	独立型	依附型
RESOURCE=2	-0.00198*			
	(0.00102)			
RESOURCE=3	-0.00184			
	(0.00120)			

续表5-12

VARIABLES	(i)	(ii)	(iii)	(iv)
	因变量：TUNNELING			
	全样本	一体型	独立型	依附型
PERK2	0.00891***	0.0182	0.00929	0.00817***
	(0.00192)	(0.0164)	(0.00901)	(0.00213)
SCALE	-0.00154***	-0.00164	-0.000992	-0.00146**
	(0.000373)	(0.00133)	(0.000648)	(0.000592)
LEV	0.0110***	0.0126**	0.0130***	0.00415
	(0.00164)	(0.00542)	(0.00210)	(0.00382)
PYRAMID	0.00100	0.000186	0.00222	0.00143
	(0.00119)	(0.00142)	(0.00205)	(0.00487)
CV	1.14e-05	0.00108	0.00229	-0.00143
	(0.00186)	(0.00404)	(0.00289)	(0.00320)
SINDEX	0.00256	-0.00191	-0.00100	0.0119**
	(0.00307)	(0.00446)	(0.00509)	(0.00565)
DIRECTNUM	0.00220	0.00747***	-0.00113	-0.000135
	(0.00188)	(0.00212)	(0.00285)	(0.00438)
MB	0.000207	7.16e-06	9.40e-05	0.000599
	(0.000288)	(0.000548)	(0.000468)	(0.000509)
MARKET	-0.000370	7.85e-05	-0.00115**	-0.000153
	(0.000350)	(0.000776)	(0.000567)	(0.000632)
FD	-0.000893*	-4.83e-05	-0.000849	-0.00654***
	(0.000537)	(0.00108)	(0.000809)	(0.00244)
PREFA	0.00258***	0.00222*	0.00343***	0.00180
	(0.000775)	(0.00128)	(0.00131)	(0.00137)
DISTRICT	控制	控制	控制	控制
YEAR	控制	控制	控制	控制
INDUSTRY	控制	控制	控制	控制
CONSTANT	0.0122*	0.00735	0.00602	0.0137
	(0.00674)	(0.0168)	(0.0115)	(0.0124)
N	4,688	1,295	1,749	1,644
卡方值	158.11	34.05	83.81	72.05

注：括号内为异方差稳健标准误；***及**和*分别表示双尾检验在1%、5%和10%的水平上显著。

5.3.5.6 经理权力的稳健性检验

为验证经理权力对经理私人收益的影响，本节同时借鉴了卢锐等（2008）的做法，给出了计算经理权力的另一种方法（POWER2），即对以下关于经理的指标进行加总形成积分变量。（1）经理兼任情况：1=无兼任情况，2=总经理兼任董事，3=总经理兼任董事长。（2）学历：1=硕士研究生学历及以上，0=硕士研究生学历以下。（3）任职时间长度：1=任职经理时间为5年及以上，0=任职经理时间在5年以下。（4）是否在大股东单位任职：1=有任职，0=无任职。（5）社会声望：1=曾获得各类奖项及担任社会职务，0=未获得奖项及未担任社会职务。回归结果见表5-13，结果表明，经理权力会对非正常在职消费产生负向影响，但经理权力的提升会提高经理正常在职消费程度，也会显著提升经理可获得的货币性私有收益。这一结果证实前文结果基本上是稳健的。

表5-13 经理权力与经理私人收益

VARIABLES	(i)	(ii)	(iii)
	ABPERK	NORMPERK	ABPAY
RESOURCE=2	-0.00330***	0.00291	0.0978***
	(0.00112)	(0.00484)	(0.0205)
RESOURCE=3	-0.00238**	0.0196***	0.0906***
	(0.00116)	(0.00442)	(0.0211)
POWER2	-0.000206	0.000490	0.0386***
	(0.000344)	(0.000806)	(0.00619)
MB	0.00191***	-0.00134***	0.0177***
	(0.000274)	(0.000395)	(0.00499)
ROE	0.00314***	-0.0216***	-0.0173
	(0.000734)	(0.00586)	(0.0136)
TOBINQ	0.000102***	-0.000720***	-0.000457
	(2.31e-05)	(4.80e-05)	(0.000430)

续表5-13

VARIABLES	(i)	(ii)	(iii)
	ABPERK	NORMPERK	ABPAY
PAY	-0.000270***	0.000258**	0.0376***
	(6.07e-05)	(0.000110)	(0.000796)
SHARE	0.0104***	-0.00493	-0.115
	(0.00384)	(0.00813)	(0.0733)
DISTRICT	控制	控制	控制
YEAR	控制	控制	控制
INDUSTRY	控制	控制	控制
CONSTANT	-0.0162***	0.0819***	-0.508***
	(0.00302)	(0.00395)	(0.0436)
N	4,791	4,791	4,791
卡方值	149.81	39.76	2030.06

注：括号内为异方差稳健标准误；***及**和*分别表示双尾检验在1%、5%和10%的水平上显著。

5.4 本章小结

本章通过构建Tobit模型及Hekman两阶段模型讨论了经理非正常在职消费与大股东掏空程度间的相关关系，同时探究了经理异质性对非正常在职消费程度的影响。本章研究得出的主要结论如下所述。

（1）由于非正常在职消费程度与大股东掏空程度呈正相关关系，因此，当所有权和经营权发生分离时，经理是否能抑制大股东的掏空行为主要取决于其追逐非正常在职消费动机的强弱。由于非正常在职消费程度与经理独立性也呈负相关关系，所以，独立性越高的经理由于其追逐非正常在职消费的较弱，也能够较为有效地抑制掏空行为。

①经理为一体型时，所有权和经营权未发生分离，经理对大股东掏空的行为无条件地配合加剧了掏空程度。

②依附型经理在获得正常在职消费的同时有较强烈的动机去进行非正常在职消费。此时的非正常在职消费仅是经理个人行为，所得收益会对大股东的利益形成侵蚀并构成掏空成本。因此，在经理权力一定的情况下，经理能否进行非正常在职消费及能获得多少非正常在职消费都由大股东来决定。所以，依附型经理为谋取较高的非正常在职消费将积极与大股东形成合谋实施掏空；同时，大股东在经理的协助下能够更好地进行掏空并默许一定程度的非正常在职消费作为对经理的回报。此时，大股东的掏空行为仍会发生，但依附型经理追逐非正常在职消费动机使大股东的掏空成本有所上升，对掏空能够形成一定程度的抑制。

③独立型经理谋求正常在职消费来满足私人收益，但对声誉的重视使独立型经理谋求非正常在职消费的动机较弱，因而也就不会为获得非正常在职消费而与大股东形成合谋。在没有经理配合的情况下，大股东的掏空行为得到了有效抑制，掏空程度也最低。

（2）经理正常在职消费与大股东掏空程度不存在显著的相关关系。这一结论说明，正常在职消费是经理可获得的正常收益，是对经理在获得权力时所付出的成本和努力工作所作出的补偿。因此，其并非经理与大股东合谋掏空上市公司的产物，也就无须获得大股东的默许或允诺。因此，经理可获得多少正常在职消费不会影响大股东掏空程度的高低。

（3）对经理默许更多的非正常在职消费是大股东在与经理合谋掏空上市公司时对经理主要的回报方式。这是由于相比于过高的货币薪酬，非正常在职消费更为隐蔽也不易被外部投资者所察觉，而且相比于显性的货币薪酬，非正常在职消费也更加易于操纵，保证了二者合谋掏空的行为不易被发现。因此，货币性私有收益的高低也不会对大股东掏空产生显著的影响。

（4）经理权力对非正常在职消费产生显著的负向影响。经理手中掌握的权力越大时，将更有能力去谋取私人收益，而无须通过配合大股东的掏空行动来获得非正常在职消费；当经理权力越小时，经理只能通过与大股东合谋来获得非正常在职消费作为私人收益。

6 经理异质性对大股东掏空的经济后果的影响

在第4章中，本书重点研究了经理异质性对大股东掏空产生的影响，第5章则通过研究经理异质性对非正常在职消费的影响以及非正常在职消费与掏空的相关关系来分析不同类型经理如何通过非正常在职消费这一渠道对大股东掏空程度产生差异化的影响。研究结果表明，独立性越高的经理越能够有效抑制大股东的掏空行为，而导致这一结果的原因就在于：在所有权和经营权分离时，独立性越高的经理追逐非正常在职消费的动机越弱，其与大股东形成合谋的意愿也将下降，进而对掏空形成有效抑制。

已有文献的研究证实，大股东掏空行为会对公司价值（王跃堂和涂建明，2006）及会计信息质量产生负面影响（周中胜和陈俊，2006；雷光勇和刘慧龙，2007；高雷和张杰，2009），所以，独立性越高的经理在抑制大股东掏空行为的同时，应该也能对提升公司价值和会计信息质量产生积极作用。因此，本章将重点研究经理异质性对公司价值及会计信息质量[①]的影响，以期更进一步地揭示不同类型的经理所能起到的公司治理作用有何差异。

① 由第2章中的分析可知，大股东掏空所导致的经济后果包括降低公司价值、信息披露质量及资源配置效率。在本章中，我们将重点研究经理异质性将如何影响公司价值及公司披露的会计信息质量，原因在于：资源配置效率的降低主要被归因于大股东对公司现金流的掠夺。我们以资金占用程度作为衡量大股东掏空的指标，而资金占用行为属于大股东对公司资产进行掠夺的范畴（Atanasov et al., 2008）。因此，其对资源配置效率的影响相对较弱。

6.1 研究假设与实证模型

6.1.1 经理异质性对公司价值影响的分析

首先，独立性较高的经理在参与公司治理时富有较强的使命感，会为遵守经理职业道德和实现个人价值而去努力工作。这一点从由第3章的分析可知，经理努力程度与其独立性呈正相关关系，即$e_{NC}^* \geqslant e_C^* \geqslant e_F^*$，经理为独立型时努力程度最高，经理为一体型最低。经理的努力程度在很大程度上决定了公司价值的高低。因此，经理努力程度越高越能创造更高的公司价值。其次，独立性越高的经理与大股东的合谋意愿越低，在不与大股东合谋的情况下，经理能够更为专注地处理公司经营事务，这也将有利于公司价值的提升。

经理除了通过自身的努力来影响公司价值外，还将通过影响大股东的掏空程度来影响公司价值。由前面章节的理论和实证分析可知，经理独立性与大股东掏空程度呈负相关关系。一体型经理无条件支持掏空的行为为大股东提供了掏空激励，大股东此时的掏空程度最高。在所有权和经营权分离后，依附型经理在追逐非正常在职消费动机的驱使下将与大股东形成合谋进行掏空。但是，依附型经理追逐非正常在职消费的行为增加了大股东的掏空成本，因此会对掏空行为形成一定的掏空抑制。此时，大股东的掏空程度低于经理为一体型时。相较于依附型经理，独立型经理进行非正常在职消费的动机较低，与大股东形成合谋的动机也较弱。因此，在没有经理的配合下大股东难以实施掏空。此时，独立型经理对掏空形成了有效抑制。而大股东掏空行为也会降低公司价值（彭小平和龚六堂，2011），不同类型经理行为影响公司价值的机制为：独立性越高的经理首先抑制大股东的掏空程度，在大股东掏空行为有所收敛的情况下将有利于公司价值的提高。由以上分析可知，大股东掏空程度在经理异质性与公司价值的相关关系间起到中介效应。

由以上分析可得假设5和6。

假设5：公司价值与经理独立性呈正相关关系。经理为独立型时，公司价值最高；经理为一体型时，公司价值最低。

假设6：大股东掏空程度在经理异质性与公司价值相关关系中起到中介效应。

为验证上述假设，本章设置如下静态面板模型式（6–1），其中，TOBINQ为公司价值，RESOURCE为经理类型，TUNNELING为大股东资金占用程度，POWER为经理权力，X为包括董事会规模、董事会独立性、两权分离度和股权制衡度等变量的公司治理变量，Z为包括公司规模、资产负债率、公司成长性等变量的公司层面控制变量，W为地区、行业及年度控制变量。

$$\mathrm{TOBINQ}_{it}=\eta_0+\sum_{i=1}^{3}\eta_i\mathrm{RESOURCE}_{it}+\eta_4\mathrm{TUNNELING}_{it}+\eta_5\mathrm{POWER}_{it}+X_{it}\lambda+Z_{it}\delta+W_{it}\gamma+\varepsilon_{it} \tag{6-1}$$

6.1.2 经理异质性对会计信息质量影响的分析

由6.1.1的分析可知，大股东掏空上市公司会造成公司业绩的下降。但是，为了继续吸引投资者持有公司股份从而保证掏空的可持续性，大股东在掏空发生时更倾向于通过经理之手来实施盈余管理行为，操纵公司的会计业绩，为投资者营造公司经营状况良好的假象（高雷和张杰，2009）。周中胜和陈俊（2006）、雷光勇和刘慧龙（2007）的研究也证实，大股东掏空程度与盈余管理程度显著正相关，掏空在降低公司业绩的同时还会降低会计信息质量。依据前文的分析可知，经理独立性的提高有利于抑制大股东的掏空行为，因此，大股东掏空程度下降后，其掩盖掏空的动机也会随之下降，进而带来盈余管理程度的下降。同时，由于盈余管理需要借助经理的力量才可以完成，而独立性越高的经理对自身声誉的重视将使其拒绝进行盈余管理这一不道德行为。由此可知，随着经理独立性的提高，大股东掏空程度的下降和经理对声誉重视程度的提升都可以使盈余管理程度有所下降。

由以上分析可得假设7、假设8、假设9。

假设7：大股东掏空程度与盈余管理程度呈正相关关系。

假设8：盈余管理程度与经理独立性呈负相关关系。经理为独立型时，公司的盈余管理程度最低；经理为一体型时，盈余管理程度最高。

假设9：大股东掏空程度在经理异质性与盈余管理程度的相关关系间起到中介效应。

为验证上述假设，本章设置静态面板模型式（6-2），其中，DA为盈余管理程度，RESOURCE为经理类型，TUNNELING为大股东掏空，X为包括董事会规模、董事会独立性、股权制衡度、外部审计、两权分离度、总经理持股比例等变量的公司治理变量，Z为公司层面控制变量，包括公司规模、资产负债率、现金流量债务比、公司成长性、总资产周转率和盈余管理柔性等变量，W为地区、行业及年度控制变量。

$$\mathrm{DA}_{it}=\rho_0+\sum_{i=1}^{3}\rho_i\mathrm{RESOURCE}_{it}+\rho_4\mathrm{TUNNELING}_{it}+X_{it}\lambda+Z_{it}\delta+W_{it}\gamma+\varepsilon_{it} \tag{6-2}$$

6.2 实证研究设计

6.2.1 样本选择与数据来源

与前两章中的样本选择过程相同，本章最终共选取5005个样本组成面板数据。其中，公司价值数据及公司治理数据来源于国泰安CSMAR数据库，公司财务数据来源于同花顺iFind数据库，经理类型来自手工年报查询。在进行回归分析前，本章也对主要连续型变量在1%的水平上进行了缩尾（Winsorize）处理，以消除极端值对回归结果的影响。

6.2.2 变量定义

本章重点研究不同类型经理在影响掏空行为的同时会对公司价值和会计信息质量产生何种影响。因此，本章中的因变量分别为公司价值及盈余管理程度，经理类型及大股东掏空为自变量，其他变量为可能影响公司价值及盈余管理程度的控制变量。

6.2.2.1 因变量为公司价值时回归所用变量

6.2.2.1.1 公司价值（TOBINQ）

根据辛清泉和谭伟强（2007）的研究，我们采用TOBINQ值来衡量公司的市场价值。因为相比于会计业绩指标，TOBINQ值被操纵的可能性更小，更能反映公司真实的经营状况。同时，中国资本市场上的股权分置改革在2009年已基本完成，因此，TOBINQ值反映公司价值也更为适用。依据国泰安CSMAR数据库采用的计算方法，我们采用如式（6-3）所示的方法计算TOBINQ值。

$$\text{TOBINQ1}=\frac{\begin{array}{c}\text{A股股数}\times\text{收盘价}+\text{B股股数}\times\text{收盘价}\times\text{当日汇率}\\+（\text{总股数}-\text{A股股数}-\text{B股股数}）\end{array}}{\text{总资产}} \tag{6-3}$$

6.2.2.1.2 大股东资金占用程度（TUNNELING）

为检验大股东掏空行为在经理异质性与公司价值的相关关系间是否存在中介效应，本章在以公司价值为因变量的回归中引入大股东掏空程度来分析经理异质性影响公司价值的传导机制。本章中同样采用其他应收款的年度增量来衡量大股东资金占用程度，并除以公司总资产来控制规模的影响。

6.2.2.1.3 经理权力（POWER）

卢锐等（2008）的分析指出，相比于经理权力较小的公司，经理权力较大的公司会发生更多的在职消费行为，但公司绩效却并没有显著更高。权小锋等（2011）的研究认为，随着手中掌握权力的增大，经理将倾向于利用操纵盈余的方式来获得高额薪酬，而盈余操纵薪酬较高时将对公司价值产生负面影响。因此，我们可以判断：经理掌握的权力越大时，公司价值越低。本章中同样也采用主成分分析法对关于经理的兼任情况、学历、任职时间长度、在大股东单位任职情况和社会声望等五种指标合成经理权力综合指标。

6.2.2.1.4 公司治理变量X_{it}

（1）董事会特征。我们采用董事会规模（BOARD）和董事会独立性（DIRECT）来反映董事会特征，其中，董事会规模为董事会人数取自然对数，董事会独立性为虚拟变量，当独立董事人数超过两人时取值为1，否则为0。Yermark（1996）和Eisenberge et al.（1998）的研究发现，董事会规模越大的公司，其绩效越差；于东智和池国华（2004）的研究则表明，公司绩效会受到董事会规模的影响，董事会规模与公司绩效间的相关关系呈倒U型。吴世农（2005）和叶康涛等（2009）的研究均指出，独立董事能够有效地监督和抑制掏空。因此，董事会独立性的提高在约束掏空行为的同时也会提升公司价值。

（2）两权分离度（CV）：最终控制人现金流权除以控制权。这一指标越接近1，表明两权分离度越低。依据前人研究，两权分离度的扩大会为大股东提供掏空上市公司的激励，也会给公司价值带来显著的负面影响。王力军（2008）、毛世平和吴敬学（2008）的研究均证实两权分离度的扩大会显著降低公司价值。

（3）股权制衡度（SINDEX）：第二至第十大股东持股比例之和。在股权制衡度处于较低水平时，公司其他大股东持股比例的上升能够有效抑制掏空，提升公司价值。但是，当股权制衡度超过一定限度后，其他大股东持股比例的上升会引发对控制权的争夺（朱红军和汪辉，2004），且这一问题在大股东现金流权和控制权分离程度不高时更为严重（朱滔，2007）。控制权的争夺会分散大股东进行公司决策的精力，导致公司价值下降（徐莉萍等，2006）。阮素梅等（2014）的研究就发现，股权制衡度与公司的价值创造能力呈倒U型的相关关系。因此，在回归中我们将股权制衡度的平方项纳入回归模型，以检验这一区间效应是否存在。

6.2.2.1.5　公司层面控制变量Z_{it}

（1）公司规模（SCALE）：期末资产总额取自然对数值。

（2）资产负债率（LEV）：期末负债总额除以资产总额。李双飞和陈收（2007）的研究发现，上市公司的负债率为30%～60%时，公司进行债务融资会显著提升公司价值。但是，杨兴全和梅波（2008）的研究指出，资产负债率对公司价值的影响在公司处于不同成长阶段时存在差异，债务融资显著提升了成长性较低公司的价值，但会降低高成长性公司的价值。

（3）公司成长性（MB）：公司股票的市场价值除以账面价值。公司成长性越高意味着公司拥有更多的投资机会，而更多的投资机会将会提升公司进行价值创造的能力。因此，我们可以认为：公司成长性越高，公司的价值创造能力越强。

6.2.2.1.6 地区、年度及行业控制变量W_{it}

（1）地区特征变量（DISTRICT）：虚拟变量，当公司位于东部地区时取值为1，位于中部地区时取值为2，位于西部地区时取值为3。

（2）行业特征变量（INDUSTRY）：虚拟变量，以综合类行业为基准取值为0。

（3）年度特征变量（YEAR）：虚拟变量，以2010年为基准年度，取值为0。

6.2.2.2 因变量为盈余管理程度时回归所用变量

6.2.2.2.1 盈余管理程度（DA）

Dechow and Skinner（2000）指出，应计盈余管理是指通过采取操控应计数（Discretionary Accruals）的方式来掩盖企业真实的经营及盈利状况的行为，其目的就在于向投资者传递公司经营状况良好的虚假信息，误导外部投资者。高雷和张杰（2009）认为，盈余管理行为无法根除的原因在于公司内部人与外部投资者之间存在严重的信息不对称问题。现有的研究普遍采用修正的分年度分行业横截面Jones模型（Dechow et al., 1995；Guay et al., 1996）来计算应计盈余管理。

具体来说，首先对式（6-4）进行分行业分年度OLS回归，进而求得回归系数的估计值。其中，TA_t为第t年的应计利润，由第t年净利润减去第t年经营现金净流量而得；ΔREV为营业收入变动额，由第t年的营业收入与第$t-1$年的营业收入相减可得；PPE_t为第t年的固定资产净额，由第t年的固定资产原值减去累计折旧及固定资产减值准备而得；A_{t-1}为第$t-1$年的总资产。

$$\frac{TA_t}{A_{t-1}}=\beta_1\times\frac{1}{A_{t-1}}+\beta_2\times\frac{\Delta REV_t}{A_{t-1}}+\beta_3\times\frac{PPE_t}{A_{t-1}} \tag{6-4}$$

其次，将模型（6–4）回归后所得的估计值代入式（6–5）求出应计利润总额的正常值，即不可操控应计利润。其中，NDA_t为不可操控应计利润；ΔREC_t为应收账款净额变动额，为第t年应收账款变动额减去第$t-1$年应收账款变动额。

$$\frac{NDA_t}{A_{t-1}}=\beta_1\times\frac{1}{A_{t-1}}+\beta_2\times\frac{\Delta REV_t-\Delta REC_t}{A_{t-1}}+\beta_3\times\frac{PPE_t}{A_{t-1}} \tag{6-5}$$

最后，采用式（6–6）计算可操控应计利润DA_t，即盈余管理程度。

$$DA_t=\frac{TA_t}{A_{t-1}}-\frac{NDA_t}{A_{t-1}} \tag{6-6}$$

6.2.2.2.2 大股东资金占用程度（TUNNELING）

与因变量为公司价值时的情况相同，为检验大股东掏空行为在经理异质性与盈余管理程度的相关关系间是否存在中介效应，本章在以盈余管理程度为因变量的回归中引入大股东掏空程度来分析经理异质性影响公司会计信息质量的传导机制。

6.2.2.2.3 公司治理变量X_{it}

（1）董事会特征：包括董事会规模（BOARD）和董事会独立性（DIRECT）。张逸杰等（2006）采用深证100指数和上证180 指数成分股中的部分股票为样本进行实证研究指出，董事会独立性的提高会在一定程度上抑制盈余管理行为的产生；苏卫东和王加胜（2006）也发现，董事会规模越大时盈余管理程度越低，董事会独立性也与盈余管理中的虚增利润显著负相关；胡奕明和唐松莲（2008）的研究指出，独立董事在董事会中占比越高，公司的盈余信息质量越高，即独立董事能够在提高会计信息透明度方面发挥积极作用。

（2）两权分离度（CV）：最终控制人现金流权除以控制权。高燕（2008）的研究认为，两权分离度的上升会使公司的所有权安排更加隐秘和复杂，进而导致代理成本迅速上升，此时的公司需要进行盈余管理来掩盖代理问题。因此，两权分离度的扩大会显著提升公司进行盈余管理的动机。

（3）股权制衡度（SINDEX）：第二大股东至第十大股东持股比例之和。徐华新（2008）的实证分析指出，股权制衡度的提高有利于抑制盈余管理。因此，股权制衡度变量应与盈余管理程度呈负相关关系。

（4）外部审计（AUDIT）：虚拟变量，当外部审计出具的意见为“清洁”，即标准非保留时取值为1，否则为0。应计盈余管理行为就是对公司会计信息的操纵，而外部审计作为判断公司会计信息质量高低的主要负责人，有责任与义务识别公司的应计盈余管理行为并加以抑制。徐浩萍（2004）的研究就发现，外部审计在对操控非经营性应计利润进行审计时更多地出具了非标准意见，且能更容易识别正向盈余管理行为。因此，外部审计质量的高低会显著影响公司的盈余管理程度。

（5）总经理持股比例（SHARE）：期末总经理持股数占股票发行总数之比。苏冬蔚和林大庞（2010）的研究指出，股权激励强度能否显著影响盈余管理程度主要取决于公司是否公布或通过股权激励方案。在股权分置改革后公布了激励方案的公司中，股权激励强度与盈余管理程度才表现出显著的负相关。而谢振莲和吕聪慧（2011）则发现，股权激励程度越高，经理有越强的动机进行向下盈余管理。

6.2.2.2.4 公司层面控制变量Z_{it}

（1）公司规模（SCALE）：公司期末资产总额取自然对数。张逸杰等（2006）发现，资产规模小的公司由于内部治理机制不完善而更有可能进行盈余管理。因此，在回归模型中需要控制公司规模对盈余管理程度的影响。

（2）资产负债率（LEV）：期末总负债除以总资产。

（3）公司成长性（MB）：期末股票市场价值除以账面价值。Collins et al.（1995）认为，伴随着公司高成长性的是未来的不确定性，这就意味着高成长性公司通常面临着较高的经营风险。因此，此时的公司为稳定投资者信心，可能会有较为强烈的动机进行盈余管理。但是，Goh et al.（2012）、林永坚等（2013）的研究却发现，成长性越高的公司其盈余管理程度越弱。

（4）现金流量债务比（FD）。当现金流量债务比越高时，意味着公司陷入财务困境的可能性越低，因此，公司进行盈余管理的动机应该越弱。

（5）总资产周转率（TAT）：营业收入净额除以期末平均资产总额，这一指标反映了公司管理效率。林永坚等（2013）证实了总资产周转率和盈余管理程度间存在显著的负相关关系。

（6）盈余管理柔性（INVREC）：存货和应收账款之和除以总资产。林永坚等（2013）证实，盈余管理柔性与盈余管理程度显著正相关，拥有较多存货和应收账款的公司更倾向于进行盈余管理。

6.2.2.2.5 地区、年度及行业控制变量W_{it}

为控制地区、行业及年度对回归结果的影响，在以盈余管理程度为因变量的回归模型中同样控制了地区特征变量（DISTRICT）、行业特征变量（INDUSTRY）和年度特征变量（YEAR）。

6.3 实证结果分析

6.3.1 描述性统计分析

表6−1给出了基于全样本的主要连续型变量的描述性统计分析以及基于经理类型的分组统计结果。全样本下，公司价值的平均值为1.946，但样本间的差距较大，标准差为平均值的2倍，公司价值最大值为174.9，而最小值仅为0.289。在分样本下，通过比较均值可发现，经理为独立型时公司价值最高，均值达到2.248；而经理为一体型时公司价值最低。依据这一结果可以推测，由于经理独立性越高越有利于抑制掏空和减少非正常在职消费，进而有利于提升公司价值。因此，公司价值与经理独立性应呈正相关关系。

全样本下的盈余管理程度的平均值为0.0005，但标准差高达0.701，说明不同公司间的盈余管理程度存在很大的差距。分样本下，经理为一体型时的盈余管理程度的均值为−0.026，说明一体型经理所在公司更倾向于进行负向盈余管理，即调低当期的公司业绩，从而使公司未来的业绩能表现出上升的趋势；经理为独立型和依附型时盈余管理程度的均值均为正，说明两种类型公司更多的发生了正向盈余管理。但是，经理为依附型时，其均值高于经理为独立型时的情况，而且最大值也达到了27.76，说明经理为依附型时更倾向于进行正向盈余管理。从分样本下盈余管理程度均值的绝对值来看，经理为一体型时最易发生盈余管理行为，而经理为独立型时盈余管理的程度最低。总资产周转率反映公司对资产的管理效率，通过比较均值可以发现，一体型经理所在公司的管理效率最差，依附型经理所在公司的管理效率略高于于独立型经理，但不同公司间的差距在此类型公司中也最大。盈余管理柔性反映了公司存货和应收账款占总资产的比重，在分样本下，经理为独立型时二者占总资产的比重最大，依附型经理所在公司的这一比重最低。其他连续型变量的结果在前两章中已做解释，此处不再赘述。

表6-1 主要连续型变量描述性统计分析

VARIABLE	OBS	MEAN	STD.DEV.	MIN	MAX
TOBINQ1	4985	1.946	3.77	0.289	174.9
RESOURCE=1	1356	1.686	1.073	0.289	17.06
RESOURCE=2	1882	2.248	5.908	0.326	174.9
RESOURCE=3	1747	1.821	1.382	0.373	23.24
DA	4968	0.0005	0.701	-40.860	27.76
RESOURCE=1	1357	-0.026	1.109	-40.856	0.277
RESOURCE=2	1873	0.003	0.025	-0.256	0.819
RESOURCE=3	1738	0.018	0.666	-0.053	27.760
TAT	5005	0.775	0.633	0.002	9.689
RESOURCE=1	1370	0.672	0.421	0.006	3.858
RESOURCE=2	1885	0.804	0.686	0.002	8.246
RESOURCE=3	1750	0.825	0.698	0.013	9.689

续表6-1

VARIABLE	OBS	MEAN	STD.DEV.	MIN	MAX
INVREC	4995	0.269	0.176	0	0.945
RESOURCE=1	1368	0.272	0.156	0	0.945
RESOURCE=2	1879	0.279	0.179	0	0.931
RESOURCE=3	1748	0.255	0.187	0	0.884

6.3.2 相关性分析

表6-2为变量间的相关关系检验。首先，在1%的显著水平下，变量TOBINQ1与RESOURCE=2及MB显著正相关，而与POWER1、SCALE、DIRECT、BOARD等变量显著负相关；在5%的水平下，TOBINQ1与RESOURCE=3、SINDEX显著负相关。这说明经理类型、公司规模、公司成长性、股权制衡度、董事会独立性、董事会规模等均会对公司价值产生重要影响。同时，从其他变量间的相关系数可以发现，相关系数值均较低，变量间不存在多重共线性问题。

表6-2 相关系数表

	TOBINQ1	DA	DRES2	DRES3	TUNNELING	POWER1	DIRECT	CV	BOARD	ROA	SINDEX	LSHARE	SHARE	TAT	FD	AUDIT	INVREC
DA	-0.004																
	(0.76)																
DRES2	0.07*	0.003															
	(0.00)	(0.84)															
DRES3	-0.03*	0.02	-0.57*														
	(0.05)	(0.19)	(0.00)														
TUNNELING	0.02	0.0001	-0.02	0.03*													
	(0.25)	(1.00)	(0.17)	(0.04)													
POWER1	-0.041*	-0.004	-0.14*	-0.05*	0.004												
	(0.00)	(0.78)	(0.00)	(0.00)	(0.77)												
DIRECT	-0.1*	-0.001	-0.04*	0.065*	0.003	0.05*											
	(0.00)	(0.94)	(0.01)	(0.00)	(0.83)	(0.00)											
CV	-0.02	0.015	-0.17*	0.06*	-0.024*	-0.01	-0.02										
	(0.19)	(0.30)	(0.00)	(0.00)	(0.09)	(0.44)	(0.25)										
BOARD	-0.07*	0.014	-0.06*	0.24*	-0.01	0.03*	0.5*	-0.05*									
	(0.00)	(0.34)	(0.00)	(0.00)	(0.51)	(0.02)	(0.00)	(0.00)									
ROA	0.08*	-0.002	0.02	-0.024*	-0.005	-0.002	0.008	-0.02	-0.02								
	(0.00)	(0.90)	(0.10)	(0.09)	(0.75)	(0.90)	(0.56)	(0.19)	(0.29)								
SINDEX	-0.03*	-0.015	-0.014	-0.3*	-0.04*	0.07*	0.04*	0.1*	-0.02	0.04*							
	(0.04)	(0.30)	(0.33)	(0.00)	(0.00)	(0.00)	(0.00)	(0.00)	(0.15)	(0.00)							
LSHARE	-0.07*	0.02	-0.09*	0.17*	-0.001	-0.07*	0.002	0.071*	0.021	-0.01	-0.43*						
	(0.00)	(0.25)	(0.00)	(0.00)	(0.96)	(0.00)	(0.88)	(0.00)	(0.15)	(0.49)	(0.00)						
SHARE	-0.03*	0.002	-0.16*	-0.26*	-0.02*	0.09*	-0.02	0.2*	-0.14*	-0.002	0.27*	-0.06*					
	(0.04)	(0.91)	(0.00)	(0.00)	(0.09)	(0.00)	(0.22)	(0.00)	(0.00)	(0.91)	(0.00)	(0.00)					
TAT	0.091*	0.02	0.04*	0.06*	0.013	-0.016	0.01	-0.06*	0.03*	0.02	-0.04*	0.05*	-0.07*				
	(0.00)	(0.15)	(0.01)	(0.00)	(0.37)	(0.26)	(0.58)	(0.00)	(0.02)	(0.17)	(0.01)	(0.00)	(0.00)				
FD	0.06*	-0.01	0.015	-0.06*	-0.01	0.03*	-0.015	0.043*	-0.03*	0.043*	0.11*	-0.01	0.05*	-0.06*			
	(0.00)	(0.70)	(0.30)	(0.00)	(0.50)	(0.06)	(0.30)	(0.00)	(0.04)	(0.00)	(0.00)	(0.50)	(0.00)	(0.00)			
AUDIT	-0.22*	0.001	-0.03*	-0.01	-0.13*	0.03*	0.029*	0.02	0.02	-0.12*	0.05*	0.034*	0.021	-0.01	0.03*		
	(0.00)	(0.98)	(0.07)	(0.63)	(0.00)	(0.03)	(0.04)	(0.16)	(0.15)	(0.00)	(0.00)	(0.01)	(0.15)	(0.48)	(0.05)		
INVREC	-0.05*	0.02	0.04*	-0.06*	-0.01	0.023	-0.05*	-0.014	-0.08*	-0.1*	-0.09*	0.005	-0.03*	0.083*	-0.23*	0.01	
	(0.00)	(0.24)	(0.00)	(0.00)	(0.47)	(0.11)	(0.00)	(0.33)	(0.00)	(0.00)	(0.00)	(0.73)	(0.07)	(0.00)	(0.00)	(0.50)	
MB	0.13*	-0.002	0.012	0.01	0.001	-0.001	-0.09	-0.02	-0.02	0.46*	-0.02	-0.01	-0.01	0.005	-0.003	-0.082*	0.004
	(0.00)	(0.88)	(0.41)	(0.58)	(0.95)	(0.94)	(0.54)	(0.16)	(0.16)	(0.00)	(0.25)	(0.49)	(0.50)	(0.74)	(0.82)	(0.00)	(0.76)

6.3.3 经理异质性与公司价值

为了探求不同类型的经理行为对公司价值的影响机制，我们采用Baron and Kenny（1986）所采取的步骤，来检验大股东掏空对经理异质性与公司价值之间内在关系是否有中介效应。第一步，在控制其他变量的基础上，检验经理异质性对公司价值的影响，检验结果列示于表6-3中的回归（i）；第二步，检验不同类型经理行为对大股东掏空程度的影响，结果为表6-3中的回归（ii）；第三步，将大股东掏空与经理类型变量纳入同一模型中进行回归，分析二者对公司价值的共同作用，结果列于表6-3中的回归（iii）。

首先，分析回归（i）可以发现，RESOURCE=2和RESOURCE=3的系数均在1%的水平下显著为正，说明经理为依附型和独立型时都有利于公司价值提高。同时，通过比较系数发现，RESOURCE=2的系数大于RESOURCE=3，说明当经理为独立型时，公司价值要高于经理为依附型时；而当经理为一体型时，公司价值最低，即公司价值与经理的独立性呈正相关关系，这一结论验证了假设5。一方面，在一体型经理所在的公司中，掏空程度最为严重，进而导致公司价值也最低；另一方面，家族成员担任经理也可能带来负面管理效应（夏立军等，2012）。其一，家族成员可能缺乏管理经验，特别是家族继任者的才干可能不足（Burkart et al., 2003）；其二，家族控股公司的权力高度集中于大股东手中，增加了公司的决策风险（Adams et al., 2005）。而独立型经理作为职业经理人，不仅能够有效抑制大股东的掏空行为，相比于家族继任者还具备丰富的管理经验和才干，因此，其在三种类型的经理中能够最为有效的提升公司价值。

其次，分析回归（ii）可知，RESOURCE=2和RESOURCE=3的系数均在分别在5%和10%的水平下显著为负，说明经理独立性的提高能够有效抑制掏空。

再次，分析回归（iii）中掏空与经理异质性对公司价值的共同影响可以发现，掏空与公司价值在1%的水平下显著负相关，证实了掏空对公司价值的损害效应。经理类型系数RESOURCE=2和RESOURCE=3的系数均在1%的水平下显著为正，且RESOURCE=2大于RESOURCE=3。与回归（i）中经理类型的系数进行比较可以发现，回归（iii）中经理类型的系数均大于回归（i）。因此，我们可以认为大股东掏空在经理异质性与公司价值的相关关系将存在中介效应，这一结论验证了假设6。

本书为控制样本所处行业及年份对回归结果的影响，对公司价值变量按行业及年份取均值后，从样本中减去均值得到新的公司价值变量TOBINQNEW，回归结果列于表6-3的回归（iv）至（vi），回归结果与前文保持一致。通过分析控制变量的结果可以发现，公司成长性与公司价值显著正相关；公司价值与董事会独立性显著正相关，说明独立董事对内部人的监督活动能够有效提升公司价值；董事会规模与公司价值为显著负相关，说明董事会规模较大时不利于公司价值的提高（Yermack, 1996）。股权制衡度的系数在1%的水平上显著为正，但其平方项系数显著为负，因此，股权制衡度对公司价值的影响呈现区间效应，二者呈倒U型关系。

表6-3 掏空对经理异质性与公司价值相关性的中间效应检验

VARIABLES	(i)	(ii)	(iii)	(iv)	(v)	(vi)
	TOBINQ1	TUNNELING	TOBINQ1	TOBINQNEW	TUNNELING	TOBINQNEW
TUNNELING			-1.715***			-1.189***
			(0.0725)			(0.0642)
RESOURCE=2	0.136***	-0.00225**	0.515***	0.154***	-0.00225**	0.506***
	(0.0137)	(0.001000)	(0.00294)	(0.0207)	(0.001000)	(0.00253)
RESOURCE=3	0.0962***	-0.00193*	0.470***	0.124***	-0.00193*	0.468***
	(0.00566)	(0.00116)	(0.00334)	(0.00658)	(0.00116)	(0.00350)
LEV	0.444*	0.00941***	-0.0861***	0.450*	0.00941***	-0.0726***
	(0.247)	(0.00165)	(0.00646)	(0.253)	(0.00165)	(0.00799)
SCALE	-0.834***	-0.00137***	-0.255***	-0.821***	-0.00137***	-0.251***
	(0.105)	(0.000370)	(0.00143)	(0.106)	(0.000370)	(0.00161)

续表6-3

VARIABLES	(i)	(ii)	(iii)	(iv)	(v)	(vi)
	TOBINQ1	TUNNELING	TOBINQ1	TOBINQNEW	TUNNELING	TOBINQNEW
POWER1	-0.0263		-0.00173	-0.0101		-0.00961***
	(0.0276)		(0.00137)	(0.0237)		(0.000739)
MB	0.108***	0.000425	0.384***	0.0999***	0.000425	0.367***
	(0.0270)	(0.000290)	(0.00183)	(0.0230)	(0.000290)	(0.00189)
DIRECT	0.249***	0.000992	-0.357***	0.233***	0.000992	-0.438***
	(0.0627)	(0.00185)	(0.0672)	(0.0635)	(0.00185)	(0.0677)
SINDEX	3.077***	0.0143	1.668***	2.714***	0.0143	1.642***
	(0.433)	(0.0101)	(0.0281)	(0.374)	(0.0101)	(0.0384)
SINDEX2	-5.090***	-0.0231	-4.758***	-4.813***	-0.0231	-4.589***
	(0.537)	(0.0186)	(0.0451)	(0.513)	(0.0186)	(0.0603)
CV	0.00708	3.54e-05	-0.232***	-0.0182	3.54e-05	-0.230***
	(0.172)	(0.00180)	(0.00844)	(0.157)	(0.00180)	(0.00772)
BOARD	-0.286***		-0.0847***	-0.355***		-0.159***
	(0.0362)		(0.00641)	(0.0733)		(0.00472)
PYRAMID		0.00127			0.00127	
		(0.00118)			(0.00118)	
FOREIGN		0.00102			0.00102	
		(0.00341)			(0.00341)	
MARKET		-0.000382			-0.000382	
		(0.000340)			(0.000340)	
FUND		-0.00214			-0.00214	
		(0.00332)			(0.00332)	
AUDIT		-0.00522*			-0.00522*	
		(0.00304)			(0.00304)	
FD		-0.000953*			-0.000953*	
		(0.000529)			(0.000529)	

续表6-3

VARIABLES	(i)	(ii)	(iii)	(iv)	(v)	(vi)
	TOBINQ1	TUNNELING	TOBINQ1	TOBINQNEW	TUNNELING	TOBINQNEW
PREFA		0.00251***			0.00251***	
		(0.000756)			(0.000756)	
DISTRICT	控制	控制	控制	控制	控制	控制
YEAR	控制	控制	控制	控制	控制	控制
INDUSTRY	控制	控制	控制	控制	控制	控制
CONSTANT	15.22***	0.0158**	4.461***	12.83***	0.0158**	1.857***
	(1.471)	(0.00706)	(0.0710)	(1.539)	(0.00706)	(0.0704)
N	4,991	4,989	4,735	4,991	4,989	4,735
*F*值	184.56	143.23	1029.20	81.43	143.23	89.22

注：括号内为异方差稳健标准误；***及**和*分别表示双尾检验在1%、5%和10%的水平上显著。

6.3.4 经理异质性与会计信息质量

本节中将同样采用Baron and Kenny（1986）的三步法来检验大股东掏空对经理类型与盈余管理之间内在关系是否有中介效应。第一步，在控制其他变量的基础上，检验经理异质性与盈余管理程度的相关关系，检验结果列示于表6-4中的回归（i）；第二步，检验不同类型经理行为对大股东掏空程度的影响，结果为表6-4中的回归（ii）；第三步，将大股东掏空与经理类型纳入同一模型中进行回归，分析二者对盈余管理的共同作用，结果列于表6-4中的回归（iii）。

通过分析表6-4中的回归（i）可知，RESOURCE=2和RESOURCE=3的系数均在1%的水平下显著为负，说明当经理为一体型时，大股东的掏空程度最高，因此，盈余管理程度最为严重。同时，RESOURCE=2系数小于RESOURCE=3，说明独立型经理所在公司的盈余管理程度低于依附性经理所在公司。因此，随着经理独立性的提高，盈余管理程度将逐渐下降，验证了假设8。由这一结果还可发现，一体型经理之所以有最为强烈的动机进行盈余管理，除掩盖掏空外还有提升市场对公司发展的信心和避免退市等动机。一体型经理所在的民营家族企业大多处于初创期，成立年限较短，而且相比于国有企业也没有获得政府资助、银行贷款和股票市场融资优先等优势，因此为避免出现公司业绩过差而被迫退市的情况发生，一体型经理有强烈的动机实施盈余管理。独立型经理盈余管理的动机弱于依附型经理，也证明独立型经理在执行公司决策时将更多地从维护个人声誉的角度出发。因为在薄仙慧和吴联生（2009）的分析框架下，独立型经理能否保住经理职位而不被解雇主要取决于公司业绩的高低，因此，基于这一因素独立型经理应该有较强的动机进行盈余管理。但是，盈余管理人为的改变公司的会计信息，降低了信息透明度和会计信息质量，因此是违背经理职业道德的，这一情况一旦被发现也将有损经理声誉。因此，为保证个人声誉不受损害，独立型经理进行盈余管理的动机应该是较弱的。依附型经理进行盈余管理的动机除掩盖掏空外，还有提升政治资本和获得升迁的动机（薄仙慧和吴联生，2009）。依附型经理所在国有控股公司涉及保值增值的问题，公司业绩一旦下滑将引起政府部门的高度警惕和重视，可能会因业绩下滑而问责经理，这将不利于依附型经理日后的仕途发展；同时，公司业绩也是依附型经理进行政治升迁时主要考核的指标，因此，依附型经理也将进行盈余管理来顺利地获得政治升迁。

通过分析表6-4中的回归（iii）可知，掏空系数在5%的水平下显著为正，说明掏空程度与盈余管理程度显著正相关，验证了假设7。经理类型系数均在1%的水平下显著为负，但与回归（i）的结果相比，回归（iii）中RESOURCE=2 和RESOURCE=3系数的绝对值较大，因此，我们可以认为掏空在经理异质性与盈余管理相关关系间存在中介效应，独立性越高的经理在降低大股东掏空程度的同时也将减少盈余管理行为的发生，假设9得到验证。

分析控制变量的结果可知，公司规模（SCALE）与盈余管理程度显著正相关，林永坚等（2013）给出的解释为，规模越大的公司越容易受到来自资本市场的压力，也就有较强的动机进行盈余管理；资产负债率（LEV）

系数也显著为正，说明负债越多的公司越有强烈的动机来掩盖公司的真实盈余信息；独立董事比例（DIRECT）与盈余管理显著负相关，证实了独立董事监督的有效性；公司财务状况（FD）系数也显著为负，说明财务状况越好的公司进行盈余管理的动机越小；总资产周转率（TAT）与盈余管理显著正相关，这一结果与现有研究结论不一致（Sugata, 2006；林永坚等，2013），这可能是由于此时的总资产周转率并不能反映资产管理效率，总资产周转率的提升可能是由于固定资产被大批的处置所导致的；盈余管理柔性（INVREC）系数显著为正，说明公司中的存货及应收账款占比越大时公司的盈利能力越差，进而需要进行盈余管理来掩盖盈利能力下降这一问题。

表6-4 掏空对经理异质性与盈余管理程度相关性的中间效应检验

VARIABLES	(i)	(ii)	(iii)
	DA	TUNNELING	DA
TUNNELING			0.00594**
			(0.00296)
RESOURCE=2	-0.00679***	-0.00223**	-0.00670***
	(0.00199)	(0.001000)	(0.00199)
RESOURCE=3	-0.00626***	-0.00195*	-0.00659***
	(0.000659)	(0.00116)	(0.000603)
SCALE	0.0728***	-0.00140***	0.0725***
	(0.0146)	(0.000369)	(0.0145)
LEV	0.137**	0.00940***	0.136**
	(0.0689)	(0.00165)	(0.0687)
CV	-0.00208	-6.49e-05	-0.00257
	(0.00223)	(0.00179)	(0.00215)
DIRECT	-0.0111***	0.00105	-0.0111***
	(0.00210)	(0.00185)	(0.00206)
AUDIT	-0.00459	-0.00515*	-0.00394
	(0.00377)	(0.00304)	(0.00396)

续表6-4

VARIABLES	(i)	(ii)	(iii)
	DA	TUNNELING	DA
FD	-0.00228**	-0.000985*	-0.00226**
	(0.000913)	(0.000529)	(0.000907)
PYRAMID		0.00124	
		(0.00118)	
SINDEX		0.00240	
		(0.00314)	
MB	-4.16e-05	0.000424	-4.16e-05
	(2.57e-05)	(0.000290)	(2.58e-05)
FOREIGN		0.000920	
		(0.00341)	
MARKET		-0.000371	
		(0.000340)	
FUND		-0.00162	
		(0.00329)	
PREFA		0.00253***	
		(0.000756)	
ROA	0.000401		0.000399
	(0.000453)		(0.000452)
LSHARE	-0.135		-0.123
	(0.0889)		(0.0864)
SHARE	-0.00703		-0.00689
	(0.0125)		(0.0124)
BOARD	0.00789		0.00743
	(0.00748)		(0.00732)
TAT	0.0226**		0.0227**
	(0.0112)		(0.0112)

续表6-4

VARIABLES	(i)	(ii)	(iii)
	DA	TUNNELING	DA
INVREC	0.0844***		0.0837***
	(0.0152)		(0.0151)
INDUSTRY	控制	控制	控制
DISTRICT	控制	控制	控制
YEAR	控制	控制	控制
CONSTANT	-0.961***	0.0172**	-0.963***
	(0.191)	(0.00698)	(0.192)
N	4,953	4,989	4,953
*F*值	6.33	84.79	137.88

注：括号内为异方差稳健标准误；***及**和*分别表示双尾检验在1%、5%和10%的水平上显著。

6.3.5 稳健性检验

6.3.5.1 公司价值的稳健性检验

在主回归模型中，我们采用了TOBINQ值来衡量公司价值，但TOBINQ值有多种计算方法，因此为验证前文结果的稳健性，我们同时采用另外两种方法计量TOBINQ值，具体计算方法见式（6-7）和式（6-8）。

$$\text{TOBINQ2}=\frac{\text{A股股数}\times\text{收盘价}+\text{B股股数}\times\text{收盘价}\times\text{当日汇率}+（\text{总股数}-\text{A股股数}-\text{B股股数}）}{（\text{总资产}-\text{无形资产净额}-\text{商誉}）} \tag{6-7}$$

$$\text{TOBINQ3}=\frac{（\text{总股数}-\text{B股股数}）\times\text{A股当期收盘价}+\text{B股股数}\times\text{B股当期收盘价}\times\text{当日汇率负债合计本期期末值}}{\text{总资产}} \tag{6-8}$$

表6-5为以TOBINQ2和TOBINQ3为因变量的回归结果。结果显示，与前文的结果一致，经理独立性与公司价值显著正相关，独立型经理执掌上市

公司能够带来最为显著的公司价值提升效应；同时，大股东掏空行为会显著降低公司价值，且在经理异质性与公司价值的内在关系间发挥显著的中介效应，经理抑制大股东掏空的同时将显著提升公司价值。表6-5中其他控制变量的结果也基本与前文保持一致，证实表6-3中的回归结果是稳健的。

表6-5 公司价值的稳健性检验

VARIABLES	(i)	(ii)	(iii)	(iv)	(v)	(vi)
	TOBINQ2	TUNNELING	TOBINQ2	TOBINQ3	TUNNELING	TOBINQ3
TUNNELING			-0.898***			-16.49***
			(0.0191)			(0.292)
RESOURCE=2	0.167***	-0.00225**	0.534***	0.395***	-0.00225**	1.442***
	(0.0156)	(0.001000)	(0.00211)	(0.0816)	(0.001000)	(0.0112)
RESOURCE=3	0.144***	-0.00193*	0.514***	0.220**	-0.00193*	0.839***
	(0.0107)	(0.00116)	(0.00354)	(0.0987)	(0.00116)	(0.0139)
LEV	0.554**	0.00941***	0.00668	-1.123***	0.00941***	-0.889***
	(0.274)	(0.00165)	(0.00539)	(0.170)	(0.00165)	(0.0141)
SCALE	-0.968***	-0.00137***	-0.283***	-0.255***	-0.00137***	-0.775***
	(0.131)	(0.000370)	(0.00109)	(0.0357)	(0.000370)	(0.00693)
POWER1	-0.0197		-0.0150***	0.213***		-0.473***
	(0.0298)		(0.00107)	(0.0183)		(0.00837)
MB	0.112***	0.000425	0.408***	-0.364	0.000425	0.665***
	(0.0273)	(0.000290)	(0.00145)	(0.814)	(0.000290)	(0.00816)
DIRECT	0.298***	0.000992	-0.372***	3.103***	0.000992	-8.601***
	(0.0891)	(0.00185)	(0.0665)	(0.820)	(0.00185)	(0.387)
SINDEX	3.482***	0.0143	1.701***	-5.955***	0.0143	8.723***
	(0.495)	(0.0101)	(0.0311)	(1.572)	(0.0101)	(0.166)
SINDEX2	-6.184***	-0.0231	-4.612***	-0.0971***	-0.0231	-18.53***
	(0.643)	(0.0186)	(0.0534)	(0.0372)	(0.0186)	(0.253)
CV	-0.00182	3.54e-05	-0.200***	0.259**	3.54e-05	1.594***
	(0.188)	(0.00180)	(0.00330)	(0.132)	(0.00180)	(0.0213)

续表6-5

VARIABLES	(i)	(ii)	(iii)	(iv)	(v)	(vi)
	TOBINQ2	TUNNELING	TOBINQ2	TOBINQ3	TUNNELING	TOBINQ3
BOARD	-0.468***		-0.131***	-0.418**		-0.347***
	(0.0824)		(0.00648)	(0.187)		(0.0257)
PYRAMID		0.00127			0.00127	
		(0.00118)			(0.00118)	
FOREIGN		0.00102			0.00102	
		(0.00341)			(0.00341)	
MARKET		-0.000382			-0.000382	
		(0.000340)			(0.000340)	
FUND		-0.00214			-0.00214	
		(0.00332)			(0.00332)	
AUDIT		-0.00522*			-0.00522*	
		(0.00304)			(0.00304)	
FD		-0.000953*			-0.000953*	
		(0.000529)			(0.000529)	
PREFA		0.00251***			0.00251***	
		(0.000756)			(0.000756)	
INDUSTRY	控制	控制	控制	控制	控制	控制
DISTRICT	控制	控制	控制	控制	控制	控制
YEAR	控制	控制	控制	控制	控制	控制
CONSTANT	17.12***	0.0158**	4.959***	5.308***	0.0158**	18.72***
	(1.860)	(0.00706)	(0.0683)	(0.992)	(0.00706)	(0.412)
N	4,978	4989	4,716	4,347	4989	4,347
*F*值	134.74	143.23	82.92	76.33	143.23	55.40

注：括号内为异方差稳健标准误；***及**和*分别表示双尾检验在1%、5%和10%的水平上显著。

6.3.5.2 经理在职消费对经理类型与公司价值相关性的中介效应

由上一章中的回归分析可知，经理谋求非正常在职消费动机的强弱决定了其在大股东掏空中可扮演何种角色及对掏空行为能产生何种影响。因此，本书在稳健性检验中同样遵循前文中的“三步法则”分析非正常在职消费是否在经理异质性与公司价值的内在关系间也存在中介效应，回归结果列示于表6-6中的回归（i）至（iii）。分析回归（iii）可以发现，经理非正常在职消费与公司价值显著负相关，说明非正常在职消费行为是不合理的，是以损害公司价值为代价的。经理类型系数在1%的水平下显著为正，且RESOURCE=2的系数大于RESOURCE=3。相比于回归（i），回归（iii）中的经理类型系数略小，由此可以认为经理非正常在职消费在经理异质性影响公司价值的传导机制中不存在中介效应。因此，不同类型的经理主要通过影响大股东掏空程度来对公司价值产生影响，也证实了前文的结果是稳健的。

依据前文所述，正常在职消费是在货币薪酬以外对经理努力工作的回报。因此，正常在职消费是一种有效的激励机制，能够激励经理更加努力工作。基于此，正常范围内的在职消费应能有效提升公司价值。为验证这一理论，我们同时将正常在职消费变量引入以公司价值为因变量的回归模型，采用固定效应模型进行回归分析，结果列示于表6-6中。全样本下，经理正常在职消费系数在1%的水平下显著为正，由此证明正常在职消费对提升公司价值能够起到积极的作用；同时，对比回归（i），回归（iv）中经理类型系数较小，说明经理正常在职消费也未能发挥中介效应。

表6-6 经理私人收益对经理类型与公司价值相关性的中介效应检验

VARIABLE	(i)	(ii)	(iii)	(iv)
	TOBINQ1	ABPERK	TOBINQ1	TOBINQ1
ABPERK			-1.495***	
			(0.277)	
NORMPERK				0.862***
				(0.241)

续表6-6

VARIABLE	(i)	(ii)	(iii)	(iv)
	TOBINQ1	ABPERK	TOBINQ1	TOBINQ1
RESOURCE=2	0.136***	-0.00351***	0.132***	0.0757***
	(0.0137)	(0.00107)	(0.0105)	(0.00500)
RESOURCE=3	0.0962***	-0.00250**	0.0825***	0.0448***
	(0.00566)	(0.00114)	(0.00446)	(0.00384)
LEV	0.444*		0.445*	0.165
	(0.247)		(0.247)	(0.315)
SCALE	-0.834***		-0.792***	-1.426***
	(0.105)		(0.106)	(0.144)
POWER1	-0.0263	-0.00113**	-0.0281	-0.0392
	(0.0276)	(0.000522)	(0.0261)	(0.0265)
MB	0.108***	0.00193***	0.108***	0.0992***
	(0.0270)	(0.000275)	(0.0271)	(0.0225)
MRS		0.00315***		
		(0.000734)		
ROA		0.000102***		
		(2.31e-05)		
PAY		-0.000272***		
		(6.06e-05)		
SHARE		0.0103***		
		(0.00382)		
DIRECT	0.249***		0.232***	0.177***
	(0.0627)		(0.0486)	(0.0501)
SINDEX	3.077***		3.052***	2.914***
	(0.433)		(0.423)	(0.279)
SINDEX2	-5.090***		-4.995***	-3.239***
	(0.537)		(0.513)	(0.554)

续表6-6

VARIABLE	(i)	(ii)	(iii)	(iv)
	TOBINQ1	ABPERK	TOBINQ1	TOBINQ1
CV	0.00708		0.00970	0.139
	(0.172)		(0.170)	(0.0856)
BOARD	-0.286***		-0.295***	-0.325***
	(0.0362)		(0.0272)	(0.0485)
DISTRICT	控制	控制	控制	控制
YEAR	控制	控制	控制	控制
INDUSTRY	控制	控制	控制	控制
CONSTANT	15.22***	-0.0149***	14.38***	22.58***
	(1.471)	(0.00293)	(1.455)	(2.047)
N	4,991	4,790	4,991	4,991
*F*值	184.56	191.76	77.91	15.93

注：括号内为异方差稳健标准误；***及**和*分别表示双尾检验在1%、5%和10%的水平上显著。

6.3.5.3 Heckman两阶段模型

为控制将大股东掏空与经理非正常在职消费变量加入模型中可能导致的内生性问题，本节中同样采用Heckman两阶段模型来控制这一问题。Heckman两阶段模型包括：第一阶段，采用Probit模型分析经理异质性对大股东掏空的影响，此时的大股东掏空（FA）为虚拟变量，当掏空行为发生时取值为1，否则为0；第二阶段将第一阶段回归产生的IMR变量代入式（6-1），并采用OLS估计方法检验掏空对公司价值的影响。同时，我们也采用了Heckman两阶段模型来控制将经理非正常在职消费和正常在职消费纳入回归模型可能产生的样本自选择问题。表6-7中的回归（i）至（vi）分别为以掏空、非正常在职消费和正常在职消费为因变量的两阶段回归结果。结果显示，将第一阶段产生的IMR变量代入原回归模型中基本没有改变原模型结果，大股东掏空程度、经理非正常在职消费与公司价值显著负相关，正常在职消费与大股东掏空程度显著正相关。

表6-7 大股东掏空、在职消费与公司价值（Heckman两阶段模型）

VARIABLES	(i)	(ii)	(iii)	(iv)	(v)	(vi)
	第一阶段	第二阶段	第一阶段	第二阶段	第一阶段	第二阶段
	FA	TOBINQ1	ABPERK _HECKMAN	TOBINQ1	NORM _HECKMAN	TOBINQ1
IMR1		13.89***				
		(0.101)				
IMR2				-10.69***		
				(1.332)		
IMR3						-27.70***
						(10.18)
TUNNELING		-1.968***				
		(0.0658)				
ABPERK				-0.0897***		
				(0.00881)		
NORMPERK						0.133***
						(0.0119)
RESOURCE=2	-0.115**	0.144***	-0.140***	0.891***	-0.141	0.579***
	(0.0488)	(0.00134)	(0.0525)	(0.0207)	(0.222)	(0.0176)
RESOURCE=3	-0.105*	0.108***	-0.0549	0.727***	-0.00897	0.564***
	(0.0542)	(0.00175)	(0.0558)	(0.0351)	(0.231)	(0.0333)
MB	-0.00137	0.399***	0.0743***	0.155*	-0.0755	0.357***
	(0.0134)	(0.00170)	(0.0134)	(0.0818)	(0.0473)	(0.0583)
POWER1		-0.00561***	-0.0464*	0.0859***	0.188*	-0.0187
		(0.000921)	(0.0252)	(0.0236)	(0.0983)	(0.0319)
LEV		0.0544***		1.373**		1.221**
		(0.00620)		(0.538)		(0.531)
SCALE		-0.217***		-0.686***		-0.626***
		(0.00103)		(0.105)		(0.102)

续表6-7

VARIABLES	(i)	(ii)	(iii)	(iv)	(v)	(vi)
	第一阶段	第二阶段	第一阶段	第二阶段	第一阶段	第二阶段
	FA	TOBINQ1	ABPERK _HECKMAN	TOBINQ1	NORM _HECKMAN	TOBINQ1
DIRECT	-0.0260	-0.336***		-1.484**		-1.490**
	(0.0899)	(0.0685)		(0.672)		(0.658)
SINDEX	0.511***	4.114***		0.734**		1.100***
	(0.153)	(0.0358)		(0.314)		(0.333)
SINDEX2		-6.711***		-3.342***		-3.673***
		(0.0464)		(0.490)		(0.441)
CV	0.110	0.0101		-0.0654		-0.0107
	(0.0868)	(0.00774)		(0.112)		(0.116)
BOARD		-0.0935***		0.113		0.185*
		(0.00493)		(0.123)		(0.111)
MPAY			0.176***		-0.0115	
			(0.0324)		(0.111)	
SHARE			0.374**		-0.788	
			(0.191)		(0.745)	
MRS			0.125***		-0.0375	
			(0.0347)		(0.0824)	
ROA			0.00406***		0.0195	
			(0.00111)		(0.0141)	
PYRAMID	0.0279					
	(0.0580)					
FOREIGN	0.0125					
	(0.163)					
MARKET	0.0142					
	(0.0165)					

续表6-7

VARIABLES	(i)	(ii)	(iii)	(iv)	(v)	(vi)
	第一阶段	第二阶段	第一阶段	第二阶段	第一阶段	第二阶段
	FA	TOBINQ1	ABPERK_HECKMAN	TOBINQ1	NORM_HECKMAN	TOBINQ1
FUND	0.567***					
	(0.160)					
AUDIT	0.224					
	(0.143)					
FD	-0.0958***					
	(0.0266)					
DISTRICT	控制	控制	控制	控制	控制	控制
YEAR	控制	控制	控制	控制	控制	控制
INDUSTRY	控制	控制	控制	控制	控制	控制
CONSTANT	-0.280	-2.820***	-0.734***	16.09***	1.926***	17.61***
	(0.274)	(0.0912)	(0.141)	(2.046)	(0.522)	(4.513)
N	4,989	4,719	4,790	4,780	4,790	4,780
*F*值	69.90	58.88	124.27	38.18	127.59	3.77

注：括号内为异方差稳健标准误；***及**和*分别表示双尾检验在1%、5%和10%的水平上显著。

6.3.5.4　正向盈余管理

企业在进行盈余管理时有两个方向，一是正向盈余管理，即提升公司会计业绩；另一个是负向盈余管理，即降低公司会计业绩。由于在大股东掏空发生时，经理将主要采取正向盈余管理的方式提升会计业绩、掩盖掏空，因此，在稳健性检验中，我们将发生负向盈余管理行为的样本，即可操控性应计利润变量（DA）值为负的样本进行了剔除，重新进行回归，回归结果如表6-8所示。回归结果显示，一体型经理进行正向盈余管理的动机最为强烈，而独立型经理的正向盈余管理程度最低；同时，掏空程度与正向盈余管理程度显著正相关，且在经理异质性与正向盈余管理相关关系中起中介作用，说明前文的结果是稳健的。

表6-8 经理异质性与正向盈余管理

VARIABLES	(1)	(2)	(3)
	DA	TUNNELING	DA
TUNNELING			0.00656***
			(0.00138)
RESOURCE=2	-0.00276**	-0.00293***	-0.00272**
	(0.00107)	(0.00109)	(0.00109)
RESOURCE=3	-0.00232***	-0.00231*	-0.00227***
	(0.000259)	(0.00130)	(0.000275)
SCALE	0.00798***	-0.000208	0.00803***
	(0.00273)	(0.000428)	(0.00273)
LEV	0.00154	0.00337	0.00157
	(0.000963)	(0.00210)	(0.000957)
CV	-0.00763***	-0.000483	-0.00757***
	(0.00162)	(0.00206)	(0.00158)
DIRECT	-0.00672***	0.00103	-0.00687***
	(0.00214)	(0.00204)	(0.00206)
AUDIT	0.00678***	0.000344	0.00679***
	(0.00116)	(0.00389)	(0.00117)
FD	-0.000312**	-0.00149**	-0.000305**
	(0.000147)	(0.000610)	(0.000149)
SINDEX		0.00125	
		(0.00355)	
PYRAMID		0.00128	
		(0.00124)	
MB	-6.49e-05***	0.00139***	-6.48e-05***
	(1.40e-06)	(0.000333)	(1.32e-06)
FOREIGN		-7.45e-05	
		(0.00379)	

续表6-8

VARIABLES	(1)	(2)	(3)
	DA	TUNNELING	DA
MARKET		4.03e-05	
		(0.000387)	
FUND		-0.00788**	
		(0.00360)	
PREFA		0.00193**	
		(0.000850)	
ROA	0.000191		0.000192
	(0.000121)		(0.000121)
LSHARE	0.0301***		0.0290***
	(0.00467)		(0.00494)
SHARE	-0.00883***		-0.00872***
	(0.000812)		(0.000847)
BOARD	-0.00385*		-0.00403*
	(0.00212)		(0.00224)
TAT	0.00876***		0.00871***
	(0.00147)		(0.00148)
INVREC	-0.00968		-0.00963
	(0.00818)		(0.00810)
INDUSTRY	控制	控制	控制
YEAR	控制	控制	控制
DISTRICT	控制	控制	控制
CONSTANT	-0.0915***	-0.00526	-0.0962***
	(0.0312)	(0.00819)	(0.0309)
N	3,508	3,504	3,508
*F*值	33.72	103.78	29.71

注：括号内为异方差稳健标准误；***及**和*分别表示双尾检验在1%、5%和10%的水平上显著。

6.4 本章小结

本章通过构建静态面板模型讨论了经理异质性与公司价值、会计信息质量间的相关关系。本章研究得出的主要结论如下所述。

（1）经理独立性与公司价值呈显著的正相关关系。经理为一体型时公司价值最低，随着经理独立性的逐渐提高，公司价值也随之得到显著提升。

（2）大股东掏空对经理异质性与公司价值的内在关系间存在中介效应。一体型经理由于在掏空发生时将无条件地配合大股东，加剧了掏空程度，进而导致公司价值最低；依附型经理与大股东形成有条件的合谋进行掏空，可在一定程度上抑制掏空，因此，相比于一体型经理，依附型经理执掌上市公司能够在一定程度上提升公司价值；独立型经理能够有效抑制大股东的掏空行为，能够最为有效的提升公司价值。上述结论也可表述为：经理抑制掏空时将对提升公司价值产生积极作用；相反，经理与大股东合谋进行掏空时将降低公司价值。

（3）经理独立性与盈余管理程度显著负相关，因此，经理独立性的提升能够有效提高会计信息质量。同时，与公司价值的情况类似，大股东掏空对经理异质性与会计信息质量的内在关系间也存在中介效应。经理为一体型时大股东的掏空程度最为严重，因此，经理也将采取更为激进的盈余管理措施来提升会计业绩以掩盖掏空，此时的会计信息质量最差；经理为依附型时，掏空得到了一定程度的抑制，盈余管理程度也较低；经理为独立型时，掏空得到有效抑制，且经理出于维护自身声誉的考虑也不会进行盈余管理，因此，此时的会计信息质量最高。

（4）股权制衡度对公司价值的影响呈现区间效应，二者呈倒U型相关关系。当股权制衡度处于较低水平时，即一股独大时，其他大股东持股比例的提升有利于对大股东行为形成监督，约束其掏空行为进而对公司价值产生正向影响。但是，当股权制衡度达到一定水平后，其他大股东持股比例的继续上升可能导致大股东间的控制权争夺问题，给公司价值带来负面影响。

7　结论与政策建议

7.1　研究结论

为考察经理异质性对大股东掏空程度的影响，本书按照独立性将中国上市公司经理划分为一体型、依附型和独立型三种类型，并在中国特殊的制度背景下研究了经理异质性对大股东掏空程度所能产生的影响、这些影响的传导渠道以及经理异质性对大股东掏空经济后果的影响。在此基础上，本书首先借助博弈模型进行理论模型构建，其次采用2010—2012年中国A股上市公司的数据对经理异质性与大股东掏空程度间的相关关系、经理异质性影响掏空的渠道及可能产生的经济后果进行了较为全面的统计检验和回归分析。本书的研究主要得到如下几点结论。

（1）不同类型经理在大股东掏空过程中扮演不同的角色，对大股东掏空行为也会产生不同影响，独立性越高的经理越能有效地约束大股东的侵害行为，抑制掏空。

①一体型经理在大股东掏空行为发生时将给予无条件地配合。此时，大股东的掏空成本最低且可获得全部掏空收益，所以，大股东的掏空动机最为强烈、掏空程度最高。

②相比于一体型经理，依附型经理的独立性有所提高，将为实现个人收益最大化而努力。在掏空发生时，依附型经理将与大股东形成有条件的合谋共同实施掏空。但是，依附型经理在合谋过程中参与分配掏空收益的做法提升了大股东的掏空成本，因此，此时的大股东掏空动机及掏空程度均会下

降。从这个意义上来说，依附型经理能在一定程度上抑制掏空行为。

③独立型经理的独立性在三种类型经理中最高。独立型经理对个人声誉的重视使其在掏空发生时将不会配合大股东的掏空行动，此时的大股东在没有经理的协助下实施掏空的成本很高。因此，相比于经理为另外两种类型时的情形，经理为独立型时，大股东的掏空动机及程度最低。所以，独立型经理能够最为有效的抑制大股东掏空。

（2）非正常在职消费与大股东掏空程度呈正相关关系。因此，在所有权和经营权发生分离时，经理是否能抑制大股东的掏空行为主要取决于其追逐非正常在职消费动机的强弱。由于非正常在职消费程度与经理独立性也呈负相关关系，因此，独立性越高的经理追逐非正常在职消费的越弱，进而能够对掏空形成有效抑制。

依附型经理在获得正常在职消费的情况下将有较为强烈的动机去进行非正常在职消费，因此，其将积极与大股东形成合谋实施掏空。但是，此时的非正常在职消费实质上就是经理对大股东掏空收益的分享，构成了大股东的掏空成本。因此，依附型经理追逐非正常在职消费的动机使大股东的掏空成本有所上升，对掏空形成了一定程度的抑制。独立型经理出于维护个人声誉的角度，其谋求非正常在职消费的动机较弱，因此，也就不会为获得非正常在职消费而与大股东形成合谋。在没有经理的配合下，大股东的掏空行为得到了有效抑制，掏空程度也最低。

（3）在经理谋取私人收益的行为中，只有非正常在职消费会对大股东掏空程度产生影响，而正常在职消费作为对经理努力工作的正常回报属于经理的合理收益，不会为经理参与合谋提供激励。在短期内，相比于给予经理超额薪酬等手段，默许经理非正常在职消费作为合谋收益因其隐蔽性和易于操纵等特点成为大股东拉拢经理参与合谋的主要手段。

（4）不同类型经理对大股东掏空行为所导致的经济后果将产生差异化的影响。独立性越高的经理在有效抑制掏空的同时能够显著提升公司价值及会计信息质量，此时的大股东掏空程度在经理异质性与公司价值、会计信息质量的相关关系间发挥显著的中介效应。一体型经理无条件配合掏空的行为加剧了大股东的掏空程度，因而会导致公司价值下降和盈余管理程度的上升；依附型经理有条件的合谋使掏空行为在一定程度上得到抑制，进而带来公司价值的提升和盈余管理程度的下降；独立型经理不与大股东合谋的行为有效地抑制了掏空，此时的公司价值最大且盈余管理程度最低、会计信息质量最高。

7.2　政策建议

结合本书研究所得的结论，针对中国的实际情况，我们提出如下几点政策建议。

（1）加快建设和完善经理人市场，大力推进我国上市公司经理人职业化建设的进程，优化上市公司经理人的产生路径。目前，我国上市公司中职业经理人所占比重虽呈现上升趋势，但由家族成员担任及大股东委派的经理仍为经理人队伍中的主力军，这显然不是符合市场发展规律的高效用人机制。因此，国有控股上市公司和家族民营企业在经理选聘机制上都需要做出适当改进。一方面，国有上市公司必须改革按行政任命为主的经理人选聘机制，逐步过渡为通过公开选聘的方式从经理人市场选聘职业经理人；同时，逐步加快建设企业内部职业经理人市场，完善职业经理人培养机制。另一方面，家族控股上市公司的创始人应树立长远的企业发展理念，与职业经理人建立健康互信关系并为其发挥才能提供更为广阔的空间。

（2）重视经理人市场声誉机制的建立，强化经理人职业道德素养的培育。由本书研究结论可知，独立型经理对个人在经理人市场上声誉的高度重视是其抑制大股东掏空、减少非正常在职消费等行为的根本原因。因此，重视经理人市场的声誉机制建设将对经理的不道德行为形成极大的约束。一方面，监管部门及媒体应通过宣传教育的手段引导公众重视对上市公司经理人的声誉评价，营造以声誉评判经理个人价值及考核经理能力的良好氛围。与此同时，监管部门也应设立相关的法律规章制度，对声誉良好的经理实施奖励，发挥声誉对经理人的隐性激励作用；而对声誉不佳的经理应予以清退出经理人市场，提高经理丧失声誉的成本。另一方面，也应强化对经理人职业道德素养的培育，完善制度约束和操守指引，提升经理人在抑制大股东掏空和保护中小投资者利益方面的自觉性。

（3）区别对待正常在职消费和非正常在职消费。在职消费的存在本身具有一定合理性，与声誉激励同属隐性激励的范畴，给予经理正常范围内的在职消费不仅是对经理开展业务工作时提供的必要帮助，更是对经理显性收益的一个重要补充，能够对经理起到显著的激励作用。但是，当在职消费超过正常水平后就变成了经理谋取自身利益最大化的工具，进行非正常在职消费行为将损害全体股东的利益且无益于公司价值和会计信息质量的提升。因此，监管部门对于正常在职消费和非正常在职消费应予以区别对待，允许经理在正常需要范围内进行在职消费，但对非正常在职消费予以严厉打击。具体来说，为划定正常和非正常在职消费界限，公司可以探索实施在职消费货币化改革的探索，即将经常发生、用途明确合理及容易量化的项目以具体的货币价值进行量化，并定期将这笔货币化后的收益支付给经理作为正常在职消费额。在经理获得这笔货币化收益后，如果还有大规模的在职消费行为发生，监管部门应积极进行打击和遏制。

（4）完善公司治理内外部环境，防范大股东与经理相互勾结，形成合谋。由文中分析可知，大股东掏空需在经理的帮助下才能实施，即大股东与经理合谋是掏空行为得以产生的前提。因此，完善公司内外部治理机制，防范大股东与经理的合谋行为是抑制掏空的有效手段。

①加快资本市场法制化进程，在合谋发生时提高处罚力度，提高合谋成本。设立相关的法律法规并严格执行是打击合谋行为最有利的手段，在法律框架下对合谋行为进行严厉的处罚将提高大股东与经理的掏空成本。当合谋掏空的成本超过合谋收益后，合谋参与方不仅无利可图还需承担损失，大股东与经理作为理性经济人将减少合谋行为的发生。

②充分发挥法律外制度对合谋抑制的积极作用。作为法律外制度，媒体监督及外部审计师监督都是对法律的重要补充，在法律制度完善无法一步到位的情况下，法律外制度就是监督大股东与经理行为的有效的公司外部治理机制。首先，保证媒体与外部审计的独立性是二者监督治理作用能够有效发挥的前提；其次，由于媒体与外部审计监督同属外部治理机制，其监督作用并不一定能转化为治理作用。因此，二者应加强与政府及监管部门的沟通，在监督大股东与经理合谋行为的同时积极引导监管部门介入调查，进而充分发挥其公司治理作用。

③完善公司内部监督制衡机制。公司内部治理机制能够对大股东与经理的行为形成最直接的监督，且这一监督效应能够作用于资本市场上的每一家上市公司。因此，在进行外部治理机制建设的同时也应重视内部治理机制的完善。

首先，优化股权结构，形成对大股东的监督制衡。股权制衡度过高或过低都不是理想的股权结构状态，股权制衡度过低将无法对合谋行为形成抑制，而股权制衡度过高又会引起控制权争夺的问题，影响公司绩效。因此，保持大股东股权的相对集中是防范合谋行为的有效措施。

其次，继续完善独立董事制度，确保独立董事监督作用得以有效发挥。应规范独立董事任职资格，尽可能聘用与公司内部人不存在利益关联的人员担任独立董事，确保聘任的独立董事具有真正的“独立性”。

再次，引进机构投资者及境外股东持股，改善投资者结构。机构投资者及境外股东多为大额持股，因此，相比于个人投资者有更为强烈的动机参与公司治理，并为维护自身利益不受侵害而积极监督大股东行为。因此，充分发挥二者所具备的持股比例优势及信息优势能够对大股东与经理的行为形成有效监督。

7.3 未来研究方向

经理这一层级在大股东掏空过程中能够发挥怎样的作用长期受到忽视，因此，在本书研究的基础上仍有许多的方面值得进一步研究，简述如下。

其一，上市公司中的经理实际上是一个群体，除总经理主抓大局工作外，各位副总经理各司其职、各管一摊，是在经理团队中最接近公司业务的个体。因此，在未来的研究中，可将经理视为一个群体来研究其异质性对大股东掏空程度的影响。

其二，大股东的掏空手段是多样化的，既可以是对公司现金流的侵占，也可以是对资产和所有者权益的掠夺。因此，在未来的研究中，可进一步研究经理异质性对除资金占用外其他大股东掏空手段的影响。

其三，同一公司中经理类型在样本期内可能并不是一成不变的，特别是在较长的样本区间内，总经理由于退休、解聘等原因发生变更的可能性更大。因此，在未来研究中，在扩大样本区间的同时可将样本期内经理类型发生变化的样本单独划分出来进行研究，分析经理异质性在同一公司中是否会对大股东掏空行为产生差异化影响。

其四，关于在职消费的度量方法，已有研究采用了多种标准进行度量，其中，Luo et al.（2011）所采用的方法得到了学界较为广泛的认可，我们也借鉴这一方法对正常和非正常在职消费进行了区分。但是，在职消费属于经理隐性收益的范畴，并未在年报中进行明确披露；同时，不同公司中经理的在职消费水平可能会受到不同因素的影响，能否对所有经理的在职消费水平采取相同的度量方法仍存在争议。因此，如何在Luo et al.（2011）所提出方法的基础上更为有效地对两部分在职消费进行区分，值得进一步研究。

附 录

附录1：经理为一体型时大股东、中小股东和经理的预期收益

大股东收益：$V_{\mathrm{L}}^{\mathrm{F}}=\alpha[r_{\mathrm{F}}-\phi r_{\mathrm{F}}-\omega_0-\omega(1-\phi)r_{\mathrm{F}}]+\phi r_{\mathrm{F}}-PC_{\mathrm{L}}$

中小股东收益：$V_{\mathrm{S}}^{\mathrm{F}}=(1-\alpha)[r_{\mathrm{F}}-\phi r_{\mathrm{F}}-\omega_0-\omega(1-\phi)r_{\mathrm{F}}]$

一体型经理收益：$V_{\mathrm{M}}^{\mathrm{F}}=\omega_0+\omega(1-\phi)r_{\mathrm{F}}-\dfrac{b}{2}e_{\mathrm{F}}^2-PR_{\mathrm{M}}-PC_{\mathrm{M}}$

将 $r_{\mathrm{F}}(e)=a_0+e_{\mathrm{F}}+\varepsilon$分别代入各方收益并取期望后可得大股东及中小股东和一体型经理的预期收益。

大股东预期收益：

$$E(V_{\mathrm{L}}^{\mathrm{F}})=(1-\alpha)[a_0+e_{\mathrm{F}}-\phi(a_0+e_{\mathrm{F}})-\omega_0-\omega(1-\phi)(a_0+e_{\mathrm{F}})]$$
$$+\phi(a_0+e_{\mathrm{F}})-PC_{\mathrm{L}}$$

中小股东预期收益：

$$E(V_{\mathrm{S}}^{\mathrm{F}})=(1-\alpha)[a_0+e_{\mathrm{F}}-\phi(a_0+e_{\mathrm{F}})-\omega_0-\omega(1-\phi)(a_0+e_{\mathrm{F}})]$$

一体型经理预期收益：

$$E(V_{\mathrm{M}}^{\mathrm{F}})=\omega_0+\omega(1-\phi)(a_0+e_{\mathrm{F}})-\frac{b}{2}e_{\mathrm{F}}^2-PR_{\mathrm{M}}-PC_{\mathrm{M}}$$

将各方预期收益表达式进行化简后可得式（3-1）、式（3-2）和式（3-3）。

附录2：经理为依附型时大股东、中小股东和经理的预期收益

大股东收益：

$$V_L^C=\alpha[r_C-\phi r_C-\omega_0-\omega(1-\phi)r_C+m_C\phi r_C]+(r_C-r_F)$$
$$+\theta(1-\alpha)m_C\phi r_C-\frac{1}{2}km_C^2r_C-PC_L$$

中小股东收益：$V_S^C=(1-\alpha)[r_C-\phi r_C-\omega_0-\omega(1-\phi)r_C]$

依附型经理收益：

$$V_M^C=\omega_0+\omega(1-\phi)r_C+\phi r_C+(1-\theta)(1-\alpha)m_C\phi r_C$$
$$-m_C\phi r_C-\frac{b}{2}e_C^2-PR_M-PC_M$$

将$r_C(e)=a_0+e_C+\varepsilon$代入上述各方的收益后取期望可得大股东及中小股东和依附型经理的预期收益。

大股东预期收益：

$$E(V_L^C)=\alpha[a_0+e_C-\phi(a_0+e_C)-\omega_0-\omega(1-\phi)(a_0+e_C)+m_C\phi(a_0+e_C)]$$
$$+(e_C-e_F)+\theta(1-\alpha)m_C\phi(a_0+e_C)-\frac{1}{2}km_C^2(a_0+e_C)-PC_L$$

中小股东预期收益：

$$E(V_L^C)=(1-\alpha)[a_0+e_C-\phi(a_0+e_C)-\omega_0-\omega(1-\phi)(a_0+e_C)]$$

依附型经理预期收益：

$$E(V_M^C)=\omega_0+\omega(1-\phi)(a_0+e_C)+\phi(a_0+e_C)-m_C\phi(a_0+e_C)$$
$$+(1-\theta)(1-\alpha)m_C\phi(a_0+e_C)-\frac{b}{2}e_C^2-PR_M-PC_M$$

各方预期收益表达式进行化简后可得式（3−4）、式（3−5）和式（3−6）。

附录3：
经理为独立型时大股东、中小股东和经理的预期收益

大股东收益：

$$V_{L}^{NC}=\alpha[r_{NC}-\phi r_{NC}-\omega_0-\omega(1-\phi)r_{NC}+m_{NC}\phi r_{NC}]+(r_{NC}-r_F)-\frac{1}{2}km_{NC}^{2}r_{NC}$$

中小股东收益：

$$V_{S}^{NC}=(1-\alpha)[r_{NC}-\phi r_{NC}-\omega_0-\omega(1-\phi)r_{NC}+m_{NC}\phi r_{NC}]$$

独立型经理收益：

$$V_{M}^{NC}=\omega_0+\omega(1-\phi)r_{NC}+\phi r_{NC}-m_{NC}\phi r_{NC}-\frac{b}{2}e_{NC}^{2}-PR_M-PC_M$$

将$r_{NC}(e)=a_0+e_{NC}+\varepsilon$代入各方收益中取期望后可得大股东及中小股东和独立型经理的预期收益。

大股东预期收益：

$$\begin{aligned}E(V_{L}^{NC})=&\alpha[(a_0+e_{NC})-\phi(a_0+e_{NC})-\omega_0-\omega(1-\phi)(a_0+e_{NC})]\\&+\alpha m_{NC}\phi(a_0+e_{NC})+(e_{NC}-e_F)-\frac{1}{2}km_{NC}^{2}(a_0+e_{NC})\end{aligned}$$

中小股东预期收益：

$$\begin{aligned}E(V_{S}^{NC})=&(1-\alpha)[(a_0+e_{NC})-\phi(a_0+e_{NC})-\omega_0-\omega(1-\phi)(a_0+e_{NC})]\\&+(1-\alpha)m_{NC}\phi(a_0+e_{NC})\end{aligned}$$

独立型经理预期收益：

$$\begin{aligned}E(V_{M}^{NC})=&\omega_0+\omega(1-\phi)(a_0+e_{NC})+\phi(a_0+e_{NC})-m_{NC}\phi(a_0+e_{NC})\\&-\frac{b}{2}e_{NC}^{2}-PR_M-PC_M\end{aligned}$$

将各方预期收益表达式进行化简后可得式（3-7）、式（3-8）和式（3-9）。

附录4：对式（3-21）和式（3-22）的证明

$$\Delta e_1 = e_C^* - e_F^* = \frac{\omega(1-\phi)+\phi-m_C^*\phi[1-(1-\theta)(1-\alpha)]}{b} - \frac{\omega(1-\phi)}{b}$$

$$= \frac{\phi-m_C^*\phi[1-(1-\theta)(1-\alpha)]}{b} = \frac{(1-m_C^*)\phi[1-(1-\theta)(1-\alpha)]}{b}$$

因为 $0<m_C<1$，$0<\theta<1$，$0<\alpha<1$，所以 $\Delta e_1 \geqslant 0$

$$\Delta e_2 = e_{NC}^* - e_C^* = \frac{\omega(1-\phi)+\phi-m_{NC}^*\phi}{b} - \frac{\omega(1-\phi)+\phi-m_C^*[1-(1-\theta)(1-\alpha)]}{b}$$

$$= \frac{m_C^*[1-(1-\theta)(1-\alpha)]-m_{NC}^*\phi}{b} = \frac{[\frac{\alpha\phi^2}{k}+\frac{\theta(1-\alpha)\phi^2}{k}](\theta+\alpha-\theta\alpha)-\frac{\alpha\phi^2}{k}}{b}$$

$$= \frac{\phi^2(1-\alpha)[\theta^2-(1-\theta)^2\alpha]}{kb}$$

因为 $0\geqslant(1-\theta)$，$\theta^2\geqslant(1-\theta)^2$ 所以 $0<\alpha<1<\frac{\theta^2}{(1-\theta)^2}$，$\Delta e_2\geqslant 0$

附录5：对式（3-23）和式（3-25）的证明

$$E(V_{S}^{NC})-E(V_{S}^{C})=(1-\alpha)[(e_{NC}-e_{C})-\phi(e_{NC}-e_{C})-\omega(1-\phi)(e_{NC}-e_{C})+m_{NC}\phi(a_0+e_{NC})]$$

$$=(1-\alpha)[(e_{NC}-e_{C})(1-\omega)(1-\phi)+m_{NC}\phi(a_0+e_{NC})]\geqslant 0$$

因为 $0<\phi<1$，$0<\omega<1$，$e_{NC}\geqslant e_{C}$ 所以 $E(V_{S}^{NC})\geqslant E(V_{S}^{C})$

$$E(V_{S}^{C})-E(V_{S}^{F})=(1-\alpha)[(e_{C}-e_{F})-\phi(e_{C}-e_{F})-\omega(1-\phi)(e_{C}-e_{F})]$$

$$=(1-\alpha)[(e_{C}-e_{F})(1-\omega)(1-\phi)]\geqslant 0$$

因为 $e_{C}\geqslant e_{F}$ 所以 $E(V_{S}^{C})\geqslant E(V_{S}^{F})$

参考文献

[1] 白重恩，路江涌，陶志刚. 中国私营企业银行贷款的经验研究[J]. 经济学（季刊）. 2005（2）.

[2] 薄仙慧，吴联生. 国有控股与机构投资者的治理效应：盈余管理视角[J]. 经济研究. 2009（2）.

[3] 陈冬华，陈信元，万华林. 国有企业中的薪酬管制与在职消费[J]. 经济研究. 2005（2）.

[4] 陈红，邓少华，尹树森. “大数据”时代背景下媒体的公司治理机制研究——基于信息透明度的实证检验[J]. 财贸经济. 2014（7）.

[5] 陈海强，范云菲. 融资融券交易制度对中国股市波动率的影响——基于面板数据政策评估方法的分析[J]. 金融研究. 2015（6）.

[6] 陈炜，孔翔，许年行. 我国中小投资者法律保护与控制权私利关系实证检验[J]. 中国工业经济. 2008（1）.

[7] 陈晖丽，刘峰. 融资融券的治理效应研究——基于公司盈余管理的视角[J]. 会计研究. 2014（9）.

[8] 陈雨露，汪昌云. 金融学文献通论——微观金融卷[M]. 北京：中国人民大学出版社，2006.

[9] 戴亦一，潘越，刘思超. 媒体监督、政府干预与公司治理：来自中国上市公司财务重述视角的证据[J]. 世界经济. 2011（11）.

[10] 樊纲、王小鲁、朱恒鹏. 中国市场化指数——各地区市场化相对进程2011年报告[M]. 北京：经济科学出版社，2011.

[11] 方军雄. 我国上市公司高管的薪酬存在黏性吗？[J]. 经济研究. 2009（3）.

[12] 方军雄. 高管超额薪酬与公司治理决策[J]. 管理世界. 2012（11）.

[13] 冯旭南. 债务融资和掠夺——来自中国家族上市公司的证据[J]. 经济学（季刊）. 2012（3）.

[14] 冯根福，赵钰航. 管理者薪酬、在职消费与公司绩效——基于合作博弈的分析视角[J]. 中国工业经济. 2012（6）.

[15] 高闯，郭斌. 创始股东控制权威与经理人职业操守——基于社会资本的“国美电器控制权争夺”研究[J]. 中国工业经济. 2012（7）.

[16] 高雷，何少华，黄志忠. 公司治理与掏空[J]. 经济学（季刊）. 2006（3）.

[17] 高雷，张杰. 公司治理、资金占用与盈余管理[J]. 金融研究. 2009（5）.

[18] 高燕. 所有权结构、终极控制人与盈余管理[J]. 审计研究. 2008（6）.

[19] 顾琪，陆蓉. 金融市场的“劣汰”机制——基于卖空机制与盈余管理的研究[J]. 财贸经济. 2016（5）.

[20] 贺京同，那艺，董洁. 个体行为动机与行为经济学[J]. 经济社会体制比较. 2007（3）.

[21] 洪功翔. 不同体制下企业经理人员控制权收益的比较[J]. 经济问题. 2001（6）.

[22] 洪剑峭，薛皓. 股权制衡对关联交易和关联销售的持续性影响[J]. 南开管理评论. 2008（1）.

[23] 黄俊，黄超，位豪强，等. 卖空机制提高了分析师盈余预测质量吗——基于融资融券制度的经验证据[J]. 南开管理评论. 2018（2）.

[24] 黄群慧，李春琦. 报酬、声誉与经营者长期化行为的激励[J]. 中国工业经济. 2001（11）.

[25] 何贤杰，孙淑伟，朱红军，等. 证券背景独立董事、信息优势与券商持股[J]. 管理世界. 2014（3）.

[26] 侯青川，靳庆鲁，苏玲，等. 放松卖空管制与大股东“掏空”[J]. 经济学（季刊）. 2017（3）.

[27] 胡旭阳，史晋川. 民营企业的政治资源与民营企业多元化投资——以中国民营企业500强为例[J]. 中国工业经济. 2008（4）.

[28] 胡奕明，唐松莲. 独立董事与上市公司盈余信息质量[J]. 管理世界. 2008（9）.

[29] 姜付秀，黄磊，张敏. 产品市场竞争、公司治理与代理成本[J]. 世界经济. 2009（10）.

[30] 姜国华，岳衡. 大股东占用上市公司资金与上市公司股票回报率关系的研究[J]. 管理世界. 2005（9）.

[31] 孔东民，刘莎莎，应千伟. 公司行为中的媒体角色：激浊扬清还是推波助澜？[J]. 管理世界. 2013（7）.

[32] 雷光勇，刘慧龙. 控股股东性质、利益输送与盈余管理幅度——来自中国A股公司首次亏损年度的经验证据[J]. 中国工业经济. 2007（8）.

[33] 李世刚. 女性高管、过度投资与企业价值——来自中国资本市场的经验证据[J]. 经济管理. 2013（7）.

[34] 李双飞，陈收. 上市公司债务融资与公司价值的实证研究[J]. 证券市场导报. 2007（9）.

[35] 黎文靖，孔东民，刘莎莎，等. 中小股东仅能“搭便车”么？——来自深交所社会公众股东网络投票的经验证据[J]. 金融研究. 2012（3）.

[36] 黎文靖，孔东民. 信息透明度、公司治理与中小股东参与[J]. 会计研究. 2013（1）.

[37] 李维安，刘绪光，陈靖涵. 经理才能、公司治理与契约参照点——中国上市公司高管薪酬决定因素的理论与实证分析[J]. 南开管理评论. 2010（2）.

[38] 李培功，沈艺峰. 媒体的公司治理作用：中国的经验证据[J]. 经济研究. 2010（4）.

[39] 李增泉，孙铮，王志伟. “掏空”与所有权安排——来自我国上市公司大股东资金占用的经验证据[J]. 会计研究. 2004（12）.

[40] 李焰，王琳. 媒体监督、声誉共同体与投资者保护[J]. 管理世界. 2013（11）.

[41] 李有根，赵西萍. 大股东股权、经理自主权与公司绩效[J]. 中国软科学. 2004（4）.

[42] 雒敏. 国家控制、债务融资与大股东利益侵占——基于沪深两市上市公司的经验证据[J]. 山西财经大学学报. 2011（3）.

[43] 廖士光，杨朝军. 卖空交易机制、波动性和流动性——一个基于香港股市的经验研究[J]. 管理世界. 2006（12）.

[44] 林永坚，王志强，李茂良. 高管变更与盈余管理——基于应计项目操控与真实活动操控的实证研究[J]. 南开管理评论. 2013（1）.

[45] 林乐芬，熊发礼. 定向增发价格政策：大股东净效应与发行折价[J]. 产业经济研究. 2018（1）.

[46] 刘成立. 对外担保、掏空与外部审计治理效应[J]. 财贸研究. 2010（3）.

[47] 刘丽颖. 中国上市公司高管声誉的效应研究[D]. 天津：南开大学，2013.

[48] 刘少波. 基于利益冲突的公司治理理论演进及其新发展[J]. 学术研究. 2007（3）.

[49] 刘少波. 控制权收益悖论与超控制权收益——对大股东侵害小股东利益的一个新的理论解释[J]. 经济研究. 2007（2）.

[50] 刘海明，曹廷求. 续贷限制对微观企业的经济效应研究[J]. 经济研究. 2018（4）.

[51] 刘红霞，李辰颖. 经理层声誉与薪酬关系研究——来自上市公司的经验证据[J]. 经济与管理研究. 2011（5）.

[52] 刘启亮，李增泉，姚易伟. 投资者保护、控制权私利与金字塔结构——以格林柯尔为例[J]. 管理世界. 2008（12）.

[53] 刘启亮，李祎，张建平. 媒体负面报道、诉讼风险与审计契约稳定性——基于外部治理视角的研究[J]. 管理世界. 2013（11）.

[54] 刘善敏，林斌. 基于大股东掏空下的经理人薪酬激励机制研究[J]. 财经研究. 2011（8）.

[55] 刘运国，刘雯. 我国上市公司的高管任期与R&D支出[J]. 管理世界. 2007（1）.

[56] 刘志远，花贵如. 政府控制、机构投资者持股与投资者权益保护[J]. 财经研究. 2009（4）.

[57] 陆铭，潘慧. 政企纽带：民营企业家成长与企业发展[M]. 北京：北京大学出版社，2009.

[58] 卢锐、魏明海、黎文靖. 管理层权力、在职消费与产权效率——来自中国上市公司的证据[J]. 南开管理评论. 2008（5）.

[59] 罗宏，黄文华. 国企分红、在职消费与公司业绩[J]. 管理世界. 2008（9）.

[60] 罗党论，黄琼宇. 民营企业的政治关系与企业价值[J]. 管理科学. 2008（6）.

[61] 罗党论，刘晓龙. 政治关系、进入壁垒与企业绩效——来自中国民营上市公司的经验证据[J]. 管理世界. 2009（5）.

[62] 罗党论，唐清泉. 中国民营上市公司制度环境与绩效问题研究[J]. 经济研究. 2009（2）.

[63] 罗党论、唐清泉. 政治关系、社会资本与政策资源获取：来自中国民营上市公司的经验证据[J]. 世界经济. 2009（7）.

[64] 吕长江，张海平. 股权激励计划对公司投资行为的影响[J]. 管理世界. 2011（11）.

[65] 吕长江，郑慧莲，严明珠，等. 上市公司股权激励制度设计:是激励还是福利?[J]. 管理世界. 2009（9）.

[66] 吕长江，赵宇恒. 国有企业管理者激励效应研究——基于管理者权力的解释[J]. 管理世界. 2008（11）.

[67] 马德林. 股权制衡下合谋、激励与高管薪酬问题研究[M]. 南京：东南大学出版社，2011.

[68] 马连福，刘丽颖. 高管声誉激励对企业绩效的影响机制[J]. 系统工程. 2013（5）.

[69] 孟令国. 声誉的隐性激励效应分析[J]. 经济与社会发展. 2005（2）.

[70] 孟庆斌，汪昌云，张永冀. 媒体监督与控股股东侵占——一个理论框架[J]. 系统工程理论与实践. 2015（8）.

[71] 毛世平，吴敬学. 金字塔结构控制与公司价值——来自于中国资本市场的经验证据[J]. 经济管理. 2008（14）.

[72] 庞金勇. 上市公司高管变更与公司治理关系研究[D]. 济南：山东大学，2008.

[73] 皮天雷. 国外声誉理论：文献综述、研究展望及对中国的启示[J]. 首都经济贸易大学学报. 2009（3）.

[74] 彭小平，龚六堂. 控股股东的掏空行为与公司的股权结构及公司价值——基于双层委托代理模型的分析[J]. 中国会计评论. 2011（3）.

[75] 潘越，戴亦一，吴超鹏，等. 社会资本、政治关系与公司投资决策[J]. 经济研究. 2009（11）.

[76] 潘泽清，张维. 大股东与经营者合谋行为及法律约束措施[J]. 中国管理科学. 2004（6）.

[77] 瞿宝忠. 公司控制权配置：模型、特征与效率性选择研究[J]. 南开管理评论. 2003（3）.

[78] 权小锋，吴世农，文芳. 管理层权力、私有收益与薪酬操纵[J]. 经济研究. 2010（11）.

[79] 阮素梅，丁忠明，刘银国，等. 股权制衡与公司价值创造能力“倒U型”假说检验——基于面板数据模型的实证[J]. 中国管理科学. 2014（2）.

[80] 沈艺峰，杨晶，李培功. 网络舆论的公司治理影响机制研究——基于定向增发的经验证据[J]. 南开管理评论. 2013（3）.

[81] 苏冬蔚，林大庞. 股权激励、盈余管理与公司治理[J]. 经济研究. 2010（11）.

[82] 苏冬蔚，熊家财. 大股东掏空与CEO薪酬契约[J]. 金融研究. 2013（12）.

[83] 苏卫东，王加胜. 盈余管理与董事会特征——基于面板数据的实证研究[J]. 世界经济文汇. 2006（6）.

[84] 沈艺峰，许年行，杨熠. 我国中小投资者法律保护历史实践的实证检验[J]. 经济研究. 2004（9）.

[85] 宋小保. 最终控制人、负债融资与利益侵占：来自中国民营上市公司的经验证据[J]. 系统工程理论与实践. 2014（7）.

[86] 屠巧萍. 控制权收益作为国有控股公司高管激励的影响因素研究[J]. 经济管理. 2006（20）.

[87] 唐雪松，周晓苏，马如静. 上市公司过度投资行为及其制约机制的实证研究[J]. 会计研究. 2007（7）.

[88] 唐忠良. 我国上市公司审计合谋治理对策研究[J]. 审计研究. 2012（5）.

[89] 唐宗明，蒋位. 中国上市公司大股东侵害度实证分析[J]. 经济研究. 2002（4）.

[90] 王海平. 公司章程性质与股东权益保护的法律分析[J]. 当代法学. 2002（3）.

[91] 王亮亮. 控股股东“掏空”与“支持”：企业所得税的影响[J]. 金融研究. 2018（2）.

[92] 王琨，肖星. 机构投资者持股与关联方占用的实证研究[J]. 南开管理评论. 2005（2）.

[93] 王力军. 金字塔结构控制、投资者保护与公司价值——来自我国民营上市公司的经验证据[J]. 财贸研究. 2008（4）.

[94] 王曾，符国群，黄丹阳，等. 国有企业CEO“政治晋升”与“在职消费”关系研究[J]. 管理世界. 2014（5）.

[95] 王跃堂，涂建明. 集团公司与上市公司：掏空、支持，抑或价值最大化？——评《企业集团特征与成员企业价值》一文[J]. 中国会计评论. 2006（1）.

[96] 王鹏，周黎安. 中国上市公司外部审计的选择及其治理效应[J]. 中国会计评论. 2006（2）.

[97] 王俊秋，张奇峰. 法律环境、金字塔结构与家族企业的“掏空”行为[J]. 财贸研究. 2007（5）.

[98] 吴世农. 我国上市公司股权结构、董事会独立性与公司价值的理论分析[J]. 学术月刊. 2005（2）.

[99] 吴先聪. 机构投资者对公司内部控制人的监督及其经济后果研究[D]. 重庆：重庆大学，2012.

[100] 吴磊磊，陈伟忠，刘敏慧. 公司章程和小股东保护——来自累积投票条款的实证检验[J]. 金融研究. 2011（2）.

[101] 夏立军，郭建展，陆铭. 企业家的“政由己出”——民营IPO公司创始人管理、市场环境与公司业绩[J]. 管理世界. 2012（9）.

[102] 小艾尔弗雷德 · D 钱德勒. 看得见的手——美国企业的管理革命[M]. 北京：商务印书馆， 2014.

[103] 肖艳. 中国上市公司大股东和经理合谋问题研究[D]. 武汉：华中科技大学，2004.

[104] 肖作平，苏忠秦. 现金股利是“掏空”的工具还是掩饰“掏空”的面具?——来自中国上市公司的经验证据[J]. 管理工程学报. 2012（2）.

[105] 肖浩，孔爱国. 融资融券对股价特质性波动的影响机理研究：基于双重差分模型的检验[J]. 管理世界. 2014（8）.

[106] 徐浩萍. 会计盈余管理与独立审计质量[J]. 会计研究. 2004（1）.

[107] 徐华新. 中国上市公司股权结构对盈余管理影响的实证分析[J]. 求索. 2008（11）.

[108] 徐莉萍，辛宇，陈工孟. 控股股东的性质与公司经营绩效[J]. 世界经济. 2006（10）.

[109] 徐莉萍，辛宇. 媒体治理与中小投资者保护[J]. 南开管理评论. 2011（6）.

[110] 许静静，吕长江. 家族企业高管性质与盈余质量——来自中国上市公司的证据[J]. 管理世界. 2011（1）.

[111] 许金花，李善民，张东，等. 反收购条款与投资者保护：理论模型与实证检验[J]. 管理评论. 2018（7）.

[112] 谢振莲，吕聪慧. 管理层股权激励对盈余管理的影响研究[J]. 财政研究. 2011（6）.

[113] 辛清泉，黄曼丽，易浩然. 上市公司虚假陈述与独立董事监管处罚——基于独立董事个体视角的分析[J]. 管理世界. 2013（5）.

[114] 薛东辉. 政治关联对中国民营企业融资能力影响研究[D]. 天津：南开大学，2012.

[115] 姚颐，刘志远. 机构投资者具有监督作用吗？[J]. 金融研究. 2009（6）.

[116] 杨其静. 企业成长：政治关联还是能力建设?[J]. 经济研究. 2011（10）.

[117] 杨兴全，梅波. 公司治理机制对债务期限结构的影响——来自我国上市公司的经验证据[J]. 财贸研究. 2008（1）.

[118] 杨瑞龙，王元，聂辉华. “准官员”的晋升机制：来自中国央企的证据[J]. 管理世界. 2013（3）.

[119] 杨竹清. 境外股东大额持股对中国股市风险的影响研究[D]. 广州：暨南大学，2012.

[120] 杨慧辉，刘伟. 融券机制对上市公司信息披露违规行为存在治理效应吗？[J]. 财贸研究. 2018（9）.

[121] 叶迎. 经理人市场对企业经营者的隐性激励研究[D]. 北京：首都经济贸易大学，2007.

[122] 叶康涛，陆正飞，张志华. 独立董事能否抑制大股东的“掏空”？ [J]. 经济研究. 2007（4）.

[123] 叶勇，李明，王雨潇. 媒体监督、经理人特征与掏空——基于我国家族上市公司的经验证据[J]. 管理评论. 2017（2）.

[124] 伊志宏，姜付秀，秦义虎. 产品市场竞争、公司治理与信息披露质量[J]. 管理世界. 2010（1）.

[125] 游家兴，徐盼盼，陈淑敏. 政治关联、职位壕沟与高管变更——来自中国财务困境上市公司的经验证据[J]. 金融研究. 2010（4）.

[126] 余峰燕，郝项超. 具有行政背景的独立董事影响公司财务信息质量么？——基于国有控股上市公司的实证分析[J]. 南开经济研究. 2011（1）.

[127] 余津津. 国外声誉理论研究综述[J]. 经济纵横. 2003（10）.

[128] 余明桂，回雅甫，潘红波. 政治联系、寻租与地方政府财政补贴有效性[J]. 经济研究. 2010（3）.

[129] 于蔚. 规模扩张和效率损失：政治关联对中国民营企业发展的影响研究[D]. 杭州：浙江大学，2013.

[130] 张维迎. 博弈论与信息经济学[M]. 上海：上海人民出版社，2004.

[131] 张会丽，白硕，刘子琰. 公司治理差的企业被做空了吗？——基于中国资本市场融券交易的实证研究[J]. 证券市场导报. 2016（11）.

[132] 张长征，李怀祖. 公司治理中的经理自主权研究综述[J]. 软科学. 2008（5）.

[133] 张长征，李怀祖. 基于经理自主权的报酬业绩敏感性模型构建与分析[J]. 软科学. 2009（1）.

[134] 张铁强，沙曼. 管理层能力、权力与在职消费研究[J]. 南开管理评论. 2014（5）.

[135] 张逸杰，王艳，唐元虎，蔡来兴. 上市公司董事会特征和盈余管理关系的实证研究[J]. 管理评论. 2006（3）.

[136] 张璇，周鹏，李春涛. 卖空与盈余质量——来自财务重述的证据[J]. 金融研究. 2016（8）.

[137] 张长征，赵西萍，李怀祖. 基于经理自主权的企业R＆D投入决策模型及实证研究[J]. 管理科学. 2006（3）.

[138] 郑国坚，蔡贵龙，卢昕. “深康佳”中小股东维权：“庶民的胜利”抑或“百日维新”——一个中小股东参与治理的分析框架[J]. 管理世界. 2016（12）.

[139] 郑志刚，丁冬，汪昌云. 媒体的负面报道、经理人声誉与企业业绩改善——来自我国上市公司的证据[J]. 金融研究. 2011（12）.

[140] 周建波，孙菊生. 经营者股权激励的治理效应研究——来自中国上市公司的经验证据[J]. 经济研究. 2003（5）.

[141] 朱红军，汪辉. “股权制衡”可以改善公司治理吗？——宏智科技股份有限公司控制权之争的案例研究[J]. 管理世界. 2004（10）.

[142] 祝继高、王春飞. 大股东能有效控制管理层吗？——基于国美电器控制权争夺的案例研究[J]. 管理世界. 2012（4）.

[143] 周县华，范庆泉，吕长江，等. 外资股东与股利分配：来自中国上市公司的经验证据[J]. 世界经济. 2012（11）.

[144] 支晓强，童盼. 盈余管理、控制权转移与独立董事变更——兼论独立董事治理作用的发挥[J]. 管理世界. 2005（11）.

[145] 周中胜，陈俊. 大股东资金占用与盈余管理[J]. 财贸研究. 2006（3）.

[146] 周中胜，陈汉文. 大股东资金占用与外部审计监督[J]. 审计研究. 2006（3）.

[147] 周泽将，刘文惠，刘中燕. 女性高管对公司财务行为与公司价值的影响研究述评[J]. 外国经济与管理. 2012（2）

[148] 朱滔. 大股东控制、股权制衡与公司绩效[J]. 管理科学. 2007（5）.

[149] 朱卫平. 论企业家与家族企业[J]. 管理世界. 2004（7）.